슈퍼강사
바이블

슈퍼강사 바이블

최고의 퍼스널브랜딩 강사가 되는 성공의 비밀

초 판 1쇄 2024년 12월 23일

지은이 김지양
펴낸이 류종렬

펴낸곳 미다스북스
본부장 임종익
편집장 이다경, 김가영
디자인 임인영, 윤가희
책임진행 김요섭, 이예나, 안채원, 김은진, 장민주

등록 2001년 3월 21일 제2001-000040호
주소 서울시 마포구 양화로 133 서교타워 711호
전화 02) 322-7802~3
팩스 02) 6007-1845
블로그 http://blog.naver.com/midasbooks
전자주소 midasbooks@hanmail.net
페이스북 https://www.facebook.com/midasbooks425
인스타그램 https://www.instagram.com/midasbooks

ISBN 979-11-6910-993-2 03320

값 **19,000원**

미다스북스는 다음세대에게 필요한 지혜와 교양을 생각합니다.

PERSONAL BRANDING GUIDE

최고의 퍼스널브랜딩 강사가 되는 성공의 비밀

슈퍼강사 바이블

김지양 지음

미다스북스

Chapter 2　퍼스널브랜딩을 완성하여 자주독립하라
무자본 CEO 강사, 당신도 할 수 있다

Chapter 3 당신의 콘텐츠를 멀티 비즈니스로 확장하라
하나를 제대로 만들면 일은 멀티로 들어온다

내 콘텐츠를 판다.

당신의 매력은 브랜드가 된다.

- 매력자본연구가 김지양 -

Prologue

퍼스널브랜딩,
원하는 날만 일하는 강사 되기

원하는 날만 일하고 싶은가요? 제목에 흥미가 생겨서 이 책을 한 줄이라도 읽고 있는 당신이라면 분명 관심이 있다는 것이고 이 책은 그 관심을 현실로 만들어 줄 거예요.

요즘 월 천 벌기를 소망하는 사람이 많은데 원하는 시간에 일어나고 원하는 시간만 일하고 원하는 사람만 만나면서 저는 그 소원을 이루었어요. 원하는 거래처를 골라 일하고 제가 불편한 사람을 만나지 않기 때문에 대인 관계에서 오는 피로감이나 스트레스기 매우 적이요. 이 책은 제 경험을 바탕으로 시간적 경제적인 면에서 자주 독립적인 삶을 살아가는 저만의 지식과 경험을 나누기 위해서 썼습니다.

저도 직장인 시절이 있었죠. 10년 동안 매일 같은 시간에 출근했고 퇴근했어요. 매일 아침 출근 알람이 울릴 때면 이불 속에서 간신히 팔을 뻗어 10분만 5분만을 외치다 허둥지둥 출근하던 날을 셀 수가 없어요. 직장에서 바쁘게 하루를 보내고 나면 오늘은 일찍 잠들겠노라 마음먹지만, 막상 씻고 나면 신기하게도 정신이 맑아져서 늦게 잠들곤 했어요. 결국, 다음 날 알람시계와 전쟁을 벌이는 날들이 반복되었죠. 전교 1등은 못해도 개근상은 꼬박꼬박 받아왔기에 몸이 아프거나 태풍이 와도 하루도 빠짐없이 꾸역꾸역 직장을 열심히 다녔어요. 한때 업무 스트레스로 통증의학과에서 진료를 받고 심리 상담을 받으러 다니기도 했죠.

그래서 퇴사했습니다. 그 후로 인생이 확 달라졌을까요? 아니요. 퇴사 후 전직하여 프리랜서로 활동하는 몇 년은 수입이 일정치 않아서 일만 있으면 돈이고 거리고 따지지 않고 달려갔어요. 주말도 없었어요. 브랜딩이 되지 않은 프리랜서의 삶은 직장 생활보다 더 냉혹하거든요. 당시 친구들은 저에게 일만 하는 '소'라는 별명을 붙여줄 정도로 워커홀릭으로 살았으니까요. 일만 있다면 미친 듯이 박리다매로 일하던 시기였기에 '정말 내 몸의 즙을 짜면 소기름이 나올걸.'이라고 말하며 아무렇지 않은 듯 웃어넘기던 날들이었어요. 사실 너무 힘들고 삶이 불안해서 혼자 많이 울었던 내 인생의 하락 점이었습니다. 다행히 수입은 조금씩 오르긴 했지만, 한동안은 삶이 지옥 같았어요. 조금씩 내가 알려지고 일거리도

받았지만, 일과 삶의 구분이 명확하지 않았고 수입은 늘 불안정했어요. 마치 정글에 홀로 버려진 사람처럼 정신없이 몇 년을 살다 보니 내 육체와 정신은 모두 소모되어 삶은 행복하지 않았어요. 이렇게 미래의 수명까지 끌어 쓰다 보니 더 당겨올 에너지 대출이 없더라고요. 어느새 내 몸이 하나씩 망가지고 365일 감기와 친구 하며 살았어요. 몸도 마음도 그렇게 완전 방전이 되고 말았습니다.

직장에서의 탈출, 프리랜서의 좌절을 겪으며 대체 무엇이 잘못된 것인지 알지 못한 채 시간이 흘러갔어요. 그런 시간이 겹겹이 쌓여서 목까지 차올랐을 때 '더 이상은 이렇게 살 수 없어! 일단 잠시 멈추자.'라고 생각했죠. 그래서 나에게 주는 안식년이라는 이름을 붙여서 의도적으로 일을 5분의 1로 줄였어요. 먹고사는 걱정? 당연히 안 한 건 아니죠. 하지만, 계속 출구 없는 쳇바퀴를 돌 수만은 없잖아요. 그렇게 한 해를 살았는데, 어라! 살아지는 거예요. 그래서 1년을 더 살아봤어요. 또 살아져요. 전국을 죽어라 돌아다닐 때와 비교했을 때 삶의 질은 비슷하게 유지되고 행복감은 오히려 깊고 구체적이더군요. 물론 대출이 생기기는 했어요. 그렇다고 해도 줄어든 잔액에 비해 내 삶에 채워진 행복은 손익분기점을 한참 넘기고도 남더라고요. 그렇게 살아보니 내가 어떻게 살아야 하는가에 대한 지금까지의 생각을 흔들어 놓기에 충분했죠.

이때가 제 인생에서 가장 단꿈처럼 행복한 시간이었어요. 돈 많은 백수까지는 아니어도, 그런 삶이 어떤 행복감을 주는지는 어렴풋이 알겠더라고요. 저는 집안 대대로 부자도 아니고, 오히려 집안에 보탬이 되어야 하는 환경에 있었기에 이 행복감을 해치지 않은 선에서 이제 조금 더 적극적으로 일해 볼까 생각하게 됩니다. 이 마음이 다시 들기까지는 5년이 걸렸어요. 다시 일을 시작할 때 가장 중요한 점은 삶의 균형을 맞추는 것이었죠. 워커홀릭으로도 살았고, 반백수로도 살아본 극과 극의 경험을 했기에 내린 결론이에요. 일과 삶의 균형점을 맞출 때 인생의 행복이 지속 가능할 테니까요. 그래서 지금은 일과 휴식의 균형을 맞추려고 노력하고 있어요.

예를 들면 지방 출장을 가는 길에 캠핑을 하러 가요. 캠핑카를 타고 첫날 강원도에 있는 기업에서 강의를 하고, 강의를 마친 후 캠핑장에서 모닥불 피우고 맛있는 음식을 먹으며 휴식합니다. 다음 날 오전 강원도 다른 지역의 스터디카페 룸을 대여해서 온라인 강의를 하고, 캠핑 2일을 더하다 집에 오는 일정이죠. 근처 숨겨진 아름다운 장소나 맛집을 발견하는 소소한 행복을 누리기도 하고요. 과거의 나라면 절대 생각조차 못했을 거예요. 지금은 무척 만족합니다. 그래서 누가 물으면 전 디지털 노마드의 삶을 산다고 말하기도 해요.

대체로 자본주의에서의 성공이란 경제적 자유와 명성을 이야기하지만, 지구에 사는 80억이 다르게 생긴 것처럼 성공의 기준도 당연히 다르다고 생각해요. 성공한 사람들은 성공하려면 아침 일찍 일어나고, 열심히 독서와 운동, 하기 싫은 일도 참으면서 하는 인내 등을 이야기해요. 이런 기준으로 본다면 저는 매우 적합하지 않은 인물이에요. 하지만 당신의 꿈이 인류를 빛낼 위인이 아니라면, 소소한 내 행복을 누리고 책임지며 살아가면 되는 거잖아요.

성공한 사람들은 매일 새벽에 일어나서 시간을 효율적으로 활용한다지만 아침형 인간이 아닌 저는 잠을 많이 자야 해서 절대 따라 할 수가 없어요. 물론 몇 번 시도해 본 적도 있죠. 해도 뜨지 않은 어둑한 새벽에 정말 졸리지만 겨우 일어나서 독서나 운동을 해보고 온라인 강의도 들어보았어요. 미라클 모닝 소모임에 많은 사람이 새벽 일찍 모이는 걸 보면서 새삼 많이 놀라기도 했고요. 그렇지만 제게 이른 기상의 결과는 참혹했어요. 하루가 더 피곤하고 지치더라고요. 누군가는 더 노력해서 습관화해야 한다고 말하겠지만 무얼 위해서일까요. 나는 지금도 충분히 행복한데요. 그래서 아침형 인간이 아닌 나를 받아들이고 더 이상 나를 괴롭히지 말고 내 패턴대로 살기로 했습니다. 제 경험으로는 사는 데는 아무 지장이 없었고 더 행복해졌거든요. 만약 이 글을 읽고 공감하시는 아침형 인간이 아닌 독자가 계신다면 성공의 조건이라는 강박에서 시작된 무조건 남을 따라 하기보다는 자신을 이해하고 배려해 주면 좋을 것 같아요. 물론 저도 일 때문에 새벽 일찍 움직여야 하는 일정이 있지만 그건 온전히 내 선택에 의한 것이에요. 저는 일찍 일어나서 오랜 활동을 하는 것, 미리 계획적으로 일을 하는 성향은 아니라서 짧은 시간 몰입감을 가지고 한 번에 일을 처리하는 방식을 선호해요.

퍼스널브랜딩 과정에서 충분히 자신을 알아봐야 하는 중요한 이유가 여기에 있겠죠. 자신에 대해 잘 모르겠다면 우선은 다른 사람의 방식을 그대로 따라 하면서 파악해 보는 것도 나쁘지 않다고 생각해요. 하지만, 자신의 내면에서 외치는 이야기를 듣지 않고 남의 방식을 무조건 따라 하지 않길 추천해요. 그러면 오랫동안 지속 가능하지 않을 뿐더러 행복하지 않을 거예요.

광활한 우주 안에 지구가 있고, 그 안에 하나밖에 없는 나라는 존재가 있잖아요. 그래서 지구별 80억 명은 각자의 매력과 장단점이 있고 자신에게 최적화된 살아가는 방법이 있어요. 특히 지구는 산업화하면서 개인의 라이프스타일을 공동체에 일률적으로 결속시키려 했어요. 그래야 사람들을 통솔하기 쉽고 생산성을 높일 수 있거든요. 사실 여러분은 각자 다른 존재이므로, 나만의 우주가 있고 생활 리듬이 있다고 생각해요. 당신은 당신만의 삶을 사세요. 그러므로 제 책은 무조건 따라 한다기보다는 참고용으로 읽어주세요. 하지만 만약 자신과 맞는 듯하면 그래도 실천해 보세요. 당신이 가고자 하는 길에 빛이 되어줄 거예요.

이제 조금은 어려운 이야기를 할게요. 인간은 평균수명 약 100년 동안 자신이라는 기업을 경영하면서 살아가요. 당신이라는 기업은 브랜드 스토리가 있고, 매출과 매입이 있으며 홍보와 영업이 있고, 수많은 거래처(가족, 친구, 지인, 일과 관련된 업체 및 담당자 등)를 가지고 있어요. 즉, 한 사람이 인생을 산다는 것은 끊임없는 브랜딩이에요. 누군가는 글로벌 마켓에서 엄청난 성과를 만들고 성장하며, 어떤 이는 국내 마켓에서 인지도를 높이고, 어떤 이는 아무도 모르게 사라지는 브랜드도 존재하죠.

퍼스널브랜딩은 이미 이름을 가진 당신이라면 매일 하는 과정이에요. 일부 특정한 기업인, 정치인, 연예인, 프리랜서만이 필요한 것이 아니고, 평생직장이라는 개념이 사라져버린 시대적 상황에서 직장인에게도 중요하고요. 그렇기 때문에 퍼스널브랜딩은 어떤 분야와 자리에 있는 사람이든 중요해요.

직장인은 자신의 지식과 경험을 기업과 B2C로 세악하여 공급해 수고 연봉을 받는 시스템입니다. 기업은 매출 증대에 도움을 주는 막강한 브랜드 파워를 가진 사람을 선호해요. 더욱 강력한 퍼스널브랜드를 가진 사람이 조직에서 높은 연봉을 받고 승진이 빠른 게 현실이니까요. 당신이 지식과 경험의 가치를 잃었을 때 기업에서는 당신과 더 이상 계약을 하고 싶지 않겠죠. 그래서 샐러던트나 N잡러는 이러한 불안한 마음에서 시작된 것이라고 할 수 있어요. 당신이 원하는 삶이 있다면 먼저 자신의 분야에서 남과 차별되는 그 '무엇'을 만들어보세요. 그것이 당신을 특별하게 만들어줄 거예요.

가죽으로 만든 $16 \times 24 \times 7.5$ cm의 샤넬 백이 천만 원 넘는 이유는 무엇일까요? 전 세계에서 가장 좋은 가죽을 사용하고 장인이 한 땀 한 땀 재단했어도 원가를 제외한 가격의 가장 큰 부분은 브랜드의 가치일 거예요. 유명 브랜드는 이름만으로도 사람들에게 가치를 느끼게 해줍니다. 왜냐하면, 똑같은 제품이지만 샤넬 마크가 없다면 그 가격을 주고 구입할 사람은 없을 테니까요. 기업은 코코 샤넬이 죽은 후에도 그 가치를 상승시키고 글로벌 마켓에서 인정받기 위해 끊임없는 브랜딩을 해왔어요.

우리는 하루 24시간 동안 각종 브랜드를 만나고 사용합니다. 여러분이 좋아하는 브랜드를 떠올려 보세요. 브랜드가 넘쳐나는 시대에 매출 하락이나 트렌드 변화 등으로 브랜드 이미지 개선을 위한 경쟁이 매우 치열한 게 현실이에요. 오래된 브랜드는 새로운 이미지를 가지기 위해서 리브랜딩을 감행하기도 하죠. 예를 들면 두꺼비 로고로 유명한 주류

브랜드 진로와 흑백 디자인 볼펜이 시그니처인 문구 브랜드 모나미는 올드한 이미지를 개선하기 위해서 많은 노력을 통해 리브랜딩에 성공했어요. 동네 술집에서 귀엽게 변신한 진로의 두꺼비 캐릭터 인형을 보면, 저도 모르게 몰래 가져오고 싶을 정도라니까요.

우리는 매력적인 브랜드(사람)를 만나면 그 사람을 기억하고 다음 만남을 이어가요. 만약 타 브랜드보다 당신이라는 브랜드에 호감이 가지 않는다면 상대방은 당신을 기억하지 못하고 만나고 싶지 않을 거예요. 만약 자신의 브랜드가 마음에 들지 않는다면, 진로나 모나미의 사례처럼 개인도 리브랜딩이 가능합니다. 이 과정을 통해서 당신을 발견하여 가치를 높이고, 당신이 원하는 삶에 한 걸음 더 가까워지게 될 거예요.

대부분의 사람은 조금 덜 일하고 더 많은 돈을 벌기를 원해요. 당신도 이런 생각을 해봤다면, 샤넬처럼 제품에 브랜드의 가치를 더할 수 있다면 가능한 일이에요. 결국, 내 콘텐츠(능력)를 비싼 값에 파는 방법은 '나'라는 기업의 브랜드 가치를 높이는 것이 답이겠지요. 이렇게 동일한 원리를 개인에게 적용한 것이 퍼스널브랜딩이에요.

세상에 태어나면 가지게 되는 내 이름이 퍼스널브랜드이고 이것을 명품 브랜드, 고가 브랜드, 중가 브랜드, 저가 브랜드로 만들어가는 과정이 퍼스널브랜딩이거든요. 퍼스널브랜딩을 한다고 해서 유명인이 되는 것과 동일한 것은 아니에요. 왜냐하면, 개인의 꿈과 행복의 기준은 다르므로 모든 사람이 명품 브랜드가 되고 싶은 것은 아니니까요. 저의 경우는 매력자본연구가 김지양이라는 브랜드를 에르메스나 샤넬처럼 명품 브랜드로 만들고 싶지는 않아요. 저는 관련된 일부 사람들이 알고 유익한 도움을 받으며, 고가의 매출을 발생시켜서 삶의 경제적 자유를 누리는 고가 브랜드를 추구해요. 즉, 세상 사람들 모두에게 알려지지 않고 아는 사람만 알지만 신뢰할 수 있어서 잘 팔리는 그런 고가 브랜드요. 전 세계 사람들이 저를 알게 되면 단골 분식집에 떡볶이 먹으러 갈 때도 파파라치를 만나지 않을까 걱정해야 하잖아요. 제가 추구하는 삶은 그것과는 다르거든요.

　　정리해 보자면, 내 이름이 브랜드이자 회사명이고, 그 브랜드를 수동적인 흐름에 맡기는 것이 아닌 행복한 내 인생을 위해 원하는 방향으로 만들어가는 능동적인 퍼스널브랜딩을 실천해 가는 거죠. 퍼스널브랜드에 '~ing'가 붙은 단어이니, 지금 당신이 숨 쉬는 순간에도 브랜딩을 하는 거라고 할 수 있어요. 자신이 원하는 브랜드 가치를 깊이 생각해 보세요. 당신의 현재 브랜드 가치는 어디쯤 있는지와 목표로 하는 가치를 생각해 보고 이 책을 읽으며 단계를 따라 해보세요.

그렇다면 퍼스널브랜딩 내용만 글로 쓸 것이지 '작가는 왜 강사 되기를 내용에 넣은 걸까?'라는 의문이 드시나요. 그런 분을 위해서 이 책의 50%를 차지하는 강사 되기 원고를 작성하게 된 이유를 적어볼게요.

퍼스널브랜딩을 하게 되면 자신의 제품이나 서비스를 다수의 앞에서 이야기할 기회들이 생길 거예요. 다니엘 핑크의 "파는 것이 인간이다."라는 말처럼 내 콘텐츠를 원하는 방향으로 정확히 상대에게 전달해야만 원하는 가격 이상으로 잘 팔 수 있잖아요. 인생을 살다 보면 어느 순간 자기 생각을 논리적으로 전달할 기회가 찾아오고, 어차피 할 거면 잘하고 싶어지잖아요. 퍼스널브랜딩 과정에서 무대에 서서 말하는 경험은 어찌 보면 필연적이라고 할 수 있어요. 강의는 설득을 기반으로 한 논리적인 말하기예요. 더불어 청중의 공감대를 얻어야 하기에 인간의 이성과 감성을 모두 만족시키는 작업이라고 할 수 있죠. 만약 당신이 청중에게 자신의 콘텐츠를 강의한다는 생각으로 준비하면, 그 주제에 대한 이해력이 더욱 깊어집니다. 또한, 나만의 자료가 만들어지고 논리적인 말하기 스킬이 향상되는 장점이 있어요. 당신의 지식과 경험을 대중 앞에서 말로 표현했을 때, 청중의 피드백을 통해서 또 다른 새로운 기회를 만들 수도 있고요. 그렇기에 반드시 진문 강사가 되지 않더라도 강의를 준비하는 과정이 여러분의 삶에 도움이 될 거예요.

저는 18년 차 기업 교육 강사이자 1만 회 이상의 강의 경험을 갖춘 프로 강사예요. 우연한 기회에 강의를 시작하였고, 바닥부터 시작하여 여러 우여곡절을 겪으며 시간당 3만 원에서 억대 연봉의 수익을 내는 슈퍼 강사가 되었습니다. 또한, HR 전문 기관에서 기업 교육 명강사로 선정되는 등 꽤 화려한 이력을 가지고 있고, 강사를 가르치는 강사이기도 합니다. 내성적이던 제가 우연한 기회로 강의를 시작해 지금의 모습이 된 것처럼 여러분이 대중 앞에서 말하는 한 번의 경험으로 인생이 바뀔 수도 있어요. 만약 여러분이 어쩌다 하게 된 강의가 청중의 반응이 좋고, 강의료가 생각보다 높다면 어떨까요. 그때는 전문 강사가 될 것인지 지금의 일을 하면서 강의를 병행할 것인지 선택하면 됩니다. 그런 차원에서 이 책은 퍼스널브랜딩이라는 주제를 다루지만, 강의라는 영역이 개인의 삶에 영향을 미칠 수 있기에 강의 영역을 다루고 있어요. 오랫동안 쌓아온 저의 전문적인 경험과 스킬을 독자들에게 나누어 드리고자 합니다. 더불어 당신의 콘텐츠를 멀티 비즈니스로 확장하여 다양한 수익을 창출하는 방법도 소개해 드릴게요. 강사만을 위한 것이 아니라, 내 콘텐츠의 가치를 높이는 데 도움이 되므로 분명 의미가 있다고 생각합니다.

이 책의 구성을 살펴보면 Chapter 1은 퍼스널브랜딩을 해야 하는 이유와 방법을 이야기하고, 당신을 브랜드로 만드는 여정 4단계에 따른 실천 방법을 알려드립니다. Chapter 2~Chapter 3는 당신의 콘텐츠를 사람들에게 더욱 높은 가치로 판매하기 위한 구체적인 강의 방법으로 구성하였습니다. 여러분이 단순히 책을 읽는 행위보다는 작가의 생각을 자신의 생각으로 사유해 보고, 궁극적으로는 행동으로 실천해 보는 것을 권장합니다. 그래서 책에 〈PERSONAL BRANDING GUIDE〉를 워크지로 넣어두었어요. 책을 빨리 읽지 마시고, 잠시 멈추어 다양한 질문과 체크리스트를 직접 작성하고 실천해 보세요.

행복한 자기다움에 조금 더 가까이 다가가고 싶은 여러분은 충분히 잘해낼 수 있어요. 왜냐고요? 제가 온 우주의 힘을 끌어와서 여러분을 응원할 테니까요!

Chapter 1

당신의 매력은
브랜드가 된다

지구별 원본, 내 이름이라는 브랜드로 살아간다

대부분의 사람은 직장을 다니는 것만으로 직업이 있다고 착각합니다. 만약 당신이 조직에서 대체 가능한 인재라면 타인에 의해 인생이 좌우될 수 있어요. 최근 뉴스에 1990년대 생은 130세까지 장수한다는 결과가 있습니다. 미래에 대한 불안감이 커지고, 무언가 준비해야 한다는 막연한 강박을 가지게 될 수 있어요. 그렇다면 우리는 어떻게 해야 할까요? 평균수명이 길어지고 정년이 짧아지는 시대를 살아가는 우리는 퍼스널브랜드를 완성하는 것이 미래 가치를 창출하여 성공적인 삶을 보장받을 수 있는 지름길입니다. 나만의 브랜드가 있다면 그 어떤 상황도 두려워할 필요가 없어요. 또한, 브랜딩 과정은 개인의 생존과 성장에 충분히 도움이 될 만큼 가치 있는 일이에요. 단순히 자신의 이름을 알리는 것은 퍼스널브랜딩의 목적이 아닙니다. 궁극적인 목적은 자기다움을 발견하고 성장하며, 다른 사람과의 관계를 통해서 우리다움을 완성하는 것입니다. 당신을 브랜드로 만드는 여정에 첫 걸음을 이제 시작해 보세요.

1. 내 콘텐츠를 파는
퍼스널브랜딩

Why 왜 퍼스널브랜딩인가?

모든 프로젝트의 서두가 '왜'라는 것에서 시작하니 저도 여러분에게 퍼스널브랜딩이 왜 필요한지 이야기해 볼게요. 아래의 질문을 읽으며 여러분 심장의 빨간 버튼이 눌린다면 이 책을 끝까지 읽고 꼭 실천해 보기를 바랍니다. 나의 브랜드를 만드는 시작은 설렘이니까요! 이제 여러분은 준비된 거예요.

내가 왜 퍼스널브랜딩에 시간과 에너지를 써야 하지?
다음과 같은 마음이 든다면 시작해 보세요.

- 삶이 행복하다고 느껴지지 않는다면
- 평생 이렇게 살고 싶지 않다면
- 월 천만 원 이상 벌고 싶다면
- 상사와 동료에게 스트레스를 덜 받고 싶다면
- 노동 착취를 당하는 느낌이라면
- 자유로운 시간을 누리고 싶다면
- 자기다움이 궁금한 당신이라면
- 돈 많은 백수가 꿈이라면

여러분의 마음에 위 문장이 하나라도 와 닿는다면 퍼스널브랜딩이 필요한 상황이에요. 뭐 그리 거창하지 않아도 돼요. 그냥 지금보다 여유롭게 살고 싶다는 마음에서 시작해도 됩니다. 당신은 마음먹은 대로 인생을 살 수 있어요. 열심히 고통을 참으며 하기 싫은 일을 하라고 하고 싶지 않아요. 물론 인생을 살다 보면 그런 시기가 반드시 오기는 하지만 그 경험을 바탕으로 조금 더 쉽고 편하며 즐겁게 일과 생활을 만들어나가세요. 물론 타인에게 피해를 안 주는 선에서요.

퍼스널브랜딩이 필요한 가장 큰 이유는 호모 헌드레드(Homo Hun-dred, 100세 인간)의 시대가 도래한 현실 때문입니다. 호모 헌드레드는 유엔이 2009년 '세계 인구 고령화 보고서'에서 인류의 조상 호모 사피엔스에 비유해

100세 장수가 보편화되는 시대를 의미하는 용어로 처음 사용했어요. 이것은 의료 기술의 발달과 생활수준 향상으로 도래된 것이죠. 최근 뉴스에는 1990년대 생이 130세까지 장수한다는 결과가 있습니다. 대부분은 장수한다는 기쁨보다 어떻게 살아야하는지 고민을 깊어집니다. 특히 경제성장 속도가 느리고 물가는 오르는데 내 통장 잔고는 풍성하지 않은 상태에서 100년을 살아야 한다니 걱정이 앞선다고들 해요. 회사를 50~60대에 퇴직하고 길게는 40~50년을 더 살아야 하는 현실이 막막해집니다. 통계청이 발표한 「2023년 경제활동인구조사」에 따르면, 직장에서 퇴직하는 평균연령은 49.4세로, 매년 퇴직 연령이 낮아지면서 더욱 고민이 많아지고 있어요. 집 한 채와 은행 이자만 믿고 살아가는 시대는 한참 전에 지난 게 현실입니다. 그래서 미래에 대한 우리의 불안감은 점점 커지고, 무언가 준비해야 한다는 막연한 강박이 생겨요. 이미 취창업 시장에서는 직장이 아닌 직업의 시대라는 말이 넘쳐나잖아요. 이 압박감에 끊임없는 자기 계발을 해도 무언가 해소되지 않다 보니 거의 포기 상태로 살아가는 사람들이 많아지고 있습니다.

대부분의 사람은 직장을 다니는 것만으로 직업이 있다고 착각하며 살아요. 직장은 진급이 순서와 상대적인 연봉 기준이 있습니다. 직장에서의 연봉이나 승진은 순수하게 자신의 능력만으로 책정된 것이 아님에도 불구하고, 그 조직 안에 있을 때는 모든 것이 자신의 능력이라고 착각하는 사람들이 있어요. 이러한 사람들은 그 조직을 떠났을 때, 비로소 큰 착각을 했음을 깨닫게 됩니다. 또한, 기업은 이미 대량생산이 가능하도록 조직을 규격화하고 대체할 수 있는 인력을 복사하는 시스템이 갖추고 있어요. 이런 상황은 개인에게 불리하게 작용해요. 만약 당신이 조직에서 대체 가능한 인재라면 타인에 의해 삶이 흔들리는 인생을 살게 됩니다. 당신은 능동적으로 현재 업무의 경험을 발전시켜서 그 분야에서 인정받는 달인이 될 수도 있고, 모든 것이 닳아 없어질 때까지 수동적으로 시키는 일만하는 닳인이 될 수도 있어요. 닳인은 조직이나 타인에 의해서 복제되는 복사본으로 소모되는 인생을 살아가게 됩니다. 그래서 직장에 소속되어 있을 때, 그 조직 안에서 업무의 달인이 되시길 바랍니다. 조직의 울타리가 없더라도 당신은 이미 그 업무의 달인이기에 그 자체가 강력한 콘텐츠가 됩니다.

직장인과 직업인의 차이는 뭘까요? 주위에는 당장이라도 회사를 그만두고 싶다고 말하는 사람들이 많습니다. 그러나 안타깝게도 직장 경력이 많지만, 퇴사하는 순간 경제활동이 멈춰지는 상황을 많이 볼 수 있어요. 대부분 내가 팔 콘텐츠가 명확하지 않기 때문이죠. 직장인은 다른 사람이 만들어놓은 조직이 있어야 일이 가능한 사람이고, 직업인은 직장이나 조직의 소속 여부와 상관없이 돈과 교환할 수 있는 기술을 가지고 있는 사람을 의미해요. 만약 당신이 내일 퇴사해서 경제활동을 해야 한다면 어떤 일로 수익 창출이 가능한가요? 그 일은 충분히 만족스러울 까요? 막상 직장을 이직하려 하면 나를 원하는 곳이 생각보다 적어서, 연봉이나 직급을 낮춰야 하는 경우도 우리 주변에는 많아요. 기업에서 볼 때 당신이 가진 콘텐츠의 가치가 높다면 연봉을 낮출 이유가 없잖아 요. 다른 기업에 당신을 뺏기고 싶지 않을 거예요. 해결 방안은 어느 곳 에서 일하든 직업인의 마인드를 가지고 임하는 것이에요. 직장인이 아 닌 직업인이 되어야 하는 것이죠. 직업인은 직장과 자신을 분리해서 객 관적으로 나를 파악하고 차별화된 가치를 만들어내는 독립적인 사람이 에요. 그러므로, 직장에 근무하는 동안 돈과 교환할 수 있는 당신만의 콘텐츠를 만들고 나오시기 바랍니다. 제가 만나본 재취업 희망자 중에 서는 대기업 정년퇴직 후 50곳 넘게 지원 서류를 보냈으나, 면접 기회조 차 얻지 못하는 경우도 많았어요. 마냥 자유롭고 달콤하게만 보이던 바 깥세상은 조직을 나오는 순간 치열한 먹이사슬이 있는 정글이에요. 이 런 정글을 살아가려면 최소한 사냥하는 방법과 불 피우는 기술을 가지 고 있어야 하잖아요.

코로나 사태 이후로 출근하지 않고 일하는 사람이 많아지고, 일하는 방식도 디채로워졌습니다. 4.0 시내 기술의 발달은 노동시간과 장소에 따라 소득이 좌우되던 시대를 변화시켰어요. 이 시대를 대변하는 하이테 크와 하이터치는 하드스킬과 소프트스킬이 갖춰진 인재를 원한다고 할 수 있습니다. 당신의 인생은 당신이라는 경영진이 운영하는 100년 기업이고, 그 선택에 따라서 운명이 달라집니다. 내 인생은 내가 경영한다는 마음으로 아무에게나 맡기지는 않았으면 해요. 당신이 있는 자리에서 자기다운 삶을 살기를 바랍니다.

그렇다고 회사를 그만두고 모두 프리랜서를 하라는 것은 절대 아니에요. 프리랜서나 창업인의 삶은 겉으로 화려해 보여도 그리 녹록하지 않아요. 직장이라는 울타리를 벗어난 순간부터 더욱 치열한 생존 싸움이 시작됩니다. 저도 이곳이 정글이라는 사실을 몰랐고, 생존하려면 스스로 사냥을 하고 불을 피워야 하는지도 모른 채 사자에게 먹히지 않기 위해 도망치느라 힘들었어요. 여러분은 그런 시행착오를 조금이나마 덜 겪으시길 바라며 이 책을 썼습니다. 어떤 삶에 만족하든 그것은 당신의 선택이지만, 지금 시간을 투자해서 책을 읽고 있는 독자라면 인생의 변화를 원하는 것이 분명하겠죠. 자신이 원하는 때, 원하는 곳, 원하는 사람들과 일하면서 수익과 행복을 만들고 싶다면 퍼스널브랜드의 힘을 기르시기 바랍니다.

- 조직에 의지하지 않고 독립적인 존재로 당신의 콘텐츠를 팔 수 있나요?
- 당신은 그 수익으로 경제적 자유를 누릴 수 있나요?

만약 당신의 이름으로 독립적인 비즈니스에서 원하는 결과를 얻는 것이 가능하다고 생각된다면, 이미 당신이 속한 조직에서 퍼스널브랜딩이 된 상태라고 할 수 있어요. 만약 그렇지 않다면 이제부터 차근차근 준비해서 나만의 브랜드를 만들어보세요.

What 퍼스널브랜딩이란 무엇인가?

퍼스널브랜딩을 알기 위해서는 퍼스널브랜드가 무엇인지 알아야겠죠. 사실 저는 이런저런 이론을 탐구하는 걸 좋아해서 조금 더 자세히 적어봤어요. 만약 읽다가 지루하다 느껴지면 그 부분만 건너뛰고 읽어도 됩니다.

우선 브랜드가 무엇인지 알아야겠죠. 브랜드(Brand)란 단어는 고대 노르웨이어인 'brandr'로 '불에 달구어 낙인을 찍다.'라는 뜻에서 유래됐다는 설이 가장 일반적인데요. 고대 노르웨이 목동들이 다른 목동의 가축과 구별하기 위해서, 불로 달군 쇠로 가축에 낙인을 찍은 데서 비롯되었다고 해요. 또 다른 어원은 16세기 초 영국 위스키 제조업자들이 각자의 위스키를 구별하기 위해 위스키 통에 인두로 지져 표시한다는 의미의 영어 'burned'에서 유래됐다는 설도 있고요. 즉, 브랜드란 자신의 상품이나 서비스를 다른 경쟁자와 구별하기 위한 표시라고 할 수 있죠. 상대방에게 내 것임을 알리고 함부로 가져가지 않도록 하며, 더 나아가서 자신의 상품은 신뢰할 만한 것임을 알리는 행위입니다. 대량생산 시대에는 넘쳐나는 상품들로 인해 경쟁력을 얻기 위해 브랜드의 의미가 더욱 중요해졌어요. 즉, 자신의 상품을 구분하고 차별화하기 위한 것이죠. 기업들은 그들의 제품이 우위를 선점할 수 있도록 브랜딩에 투자를 아끼지 않습니다. 여러분이 알고 있는 코카콜라, 나이키, 맥도날드, 애플 등도 자신의 브랜드를 알리는 데 성공했기 때문에 오랫동안 사람들에게 사랑받고 있습니다.

그렇다면 퍼스널브랜드(Personal Brand)는 무엇일까요? 퍼스널은 영어 그대로 '개인적인', '개인의'의 의미이잖아요. 즉, 개인 브랜드란 뜻이 되죠. 그렇다면 이 평범한 단어의 조합이 왜 주목받게 되었을까요? 경영의 대가 톰 피터스(Tom Peters)가 1997년 쓴 칼럼에서 "우리는 '나'라는 기업 즉, 자기 주식의 CEO입니다. 현재 비즈니스 세계에서 가장 중요한 것은 '나'라는 브랜드의 마케팅 책임자가 되는 것입니다."라고 말합니다. 그는 '나'라는 기업, '나라는 브랜드'를 마케팅을 해야 한다고 강조합니다. 이후 퍼스널브랜딩이 주목받는 계기가 되어서 경영, 마케팅, 언론 등에서 많이 인용되고 있어요. 물론 이전에도 퍼스널브랜딩은 존재했지만, 대중화의 시초가 된 것이죠. 우리나라는 빨라지는 퇴직 연령, 프리랜서, N잡러 등 패러다임의 전환으로 이러한 시기가 더욱 가속화되고 있습니다. 경영의 창시자 필립 코틀러(Philip Kotler)도 『필립 코틀러 퍼스널 마케팅』
이라는 책을 출간했어요. 저도 몇 번 읽었습니다만, 경영과 마케팅 이론
을 바탕으로 한 책이어서 약간 어려울 수 있으나, 도움이 되는 내용이니
궁금하신 분들은 읽어보시길 권장해요.

　강력한 브랜드가 된 개인이 채권을 발행한 사건이 있었습니다. 뉴욕
의 월가에서 영국 록스타 데이비드 보위(David Bowie)가 개인으로는 최초로
1997년 보위 채권을 발행하여 화제가 되었어요. 그는 자신의 음악적 지
식과 재능을 담보로 뉴욕의 투자회사 풀먼그룹(Pullman Group)의 도움을 받
아 5,500만 달러의 채권을 발행하고 전량 판매하는 데 성공했어요. 이
채권의 특이점은 물적인 담보가 없었고, 그가 작사와 작곡을 한 300여
편의 노래에서 발생할 수입과 앞으로 개최할 공연 수입이 유일한 담보
였어요. 보위 채권은 국제 신용 평가사 무디스(Moody's investors service)로부터
제너럴모터스와 동일한 신용 등급인 A급 평가를 받았고 이 채권은 전량
매입됩니다. 그 당시 우리나라 은행 중에서 가장 신용도를 높은 은행의
BB급보다 훨씬 높은 등급이었음을 고려할 때 파격적인 행보였다고 할
수 있죠.

　채권은 정부나 공공단체 등이 일반인으로부터 비교적 거액의 자금을
조달하기 위하여 발행하는 차용증서잖아요. 이제 개인도 능력과 재능,

매력적인 이미지를 가진 강력한 퍼스널브랜드로서 미래의 가치가 인정되면 채권을 발행할 수 있어요. 특히, 글로벌 마켓에서 입지를 확고히 유지하고 있는 스포츠 스타, 연예인 등 글로벌 아이콘은 가장 적합한 인물이라고 할 수 있죠. 우리나라는 BTS, 봉준호 감독, 윤여정 배우와 같은 훌륭한 브랜드들이 그 가능성을 보유하고 있습니다. 만약 당신 이름의 채권을 시간과 비용을 아끼지 않고 매입해 줄 개인 및 조직이 있다면, 당신의 퍼스널브랜드는 이미 완성된 것입니다.

당신이라는 퍼스널브랜드는 어떤가요? 당신의 가치를 인정하고 구입해 줄 투자자를 확보하고 있나요? 지금부터 자신의 분야에서 최고의 가치를 만든다면, 미래는 더욱 견고하게 보장될 거예요. 평균수명이 길어지고 정년이 짧아지는 시대를 살아가는 우리에게는 자신만의 퍼스널브랜드를 완성하는 것이 개인의 미래 가치를 창출하여 성공적인 삶을 보장받을 수 있는 지름길이니까요.

정치인, 연예인, 기업의 경영자들은 자신의 영향력을 확장하기 위해서 끊임없이 퍼스널브랜딩을 하고 있습니다. 대표적인 인물로 방송인 오프라 윈프리는 불후한 과거를 이겨내고, 토크쇼의 여왕이 되었어요. 이를 바탕으로 영향력을 확장한 그녀는 매거진, 부동산, 기업을 운영하면서 포브스 선정 2023년 미국에서 가장 부유한 자수성가 여성 15인에 선정되었습니다. 이러한 성과의 배경에는 강력한 퍼스널브랜드가 작용했다고 볼 수 있어요. 최고의 브랜딩은 사람들이 그 이름만 들어도 신뢰를 만듭니다. 그녀는 바로 이런 인물인 것이죠.

최근 소셜미디어의 이용자가 증가하면서 평범한 일반인도 영향력을 높여서 팬덤을 형성하고 강력한 퍼스널브랜드를 구축하고 있어요. 특히 퍼스널브랜드가 성장한 배경에는 각종 언론 매체에 출연함으로써 개인의 전문성, 진정성, 친근함 등이 매력적이라고 느끼는 팬덤 형성의 역할이 큽니다.

사실 인간은 그 존재만으로 가치가 충분하지만, 자신의 존재와 성장 그리고 생존이라는 문제에 직면하면서 무언가를 끊임없이 찾아갑니다. 삶의 이유를 유아와 청소년 시기를 지나서 중장년, 노년 그리고 죽음을 맞이하는 날까지 찾는 것이 인생이라고 할 수 있어요. 브랜딩 과정은 개인의 생존과 성장에 충분히 도움이 될 만큼 가치 있는 일입니다. 단순히 자신의 이름을 알리는 것은 퍼스널브랜딩의 목적이 아니에요. 궁극적인 목적은 자기다움을 발견하고 성장하며, 다른 사람과의 관계를 통해서 우리다움을 완성하는 것입니다. 즉, 인간은 사회적 동물이기에 관계를 통해서 브랜딩이 완성되는 것이죠.

80억 사람들은 각자의 우주를 가지고 있어요. 과학적 사고에서 나오는 우주가 아닌 나의 개인적 삶과 사회적 활동이 내 인생의 우주이고, 그 우주가 바로 나입니다. 조금 과장해서 이야기하자면 온 우주는 나를 중심으로 돌고 있다고 해도 과언이 아니에요. 내가 가꾼 우주에는 어떤 사람들이 살고 싶어 할지 생각해 보세요. 세상의 모든 사람을 만날 수 있는 사람은 없고, 세상의 모든 지식이나 경험을 체험할 수 있는 사람도 존재하지 않아요. 그러므로 어떤 사람이나 환경을 비교하며 주눅이 들 필요는 없습니다. 그냥 내가 아는 것, 내가 좋아하는 것 그리고 사람들이 필요로 하는 것을 교환하면서 살아가면 되어요. 그것이 행복이고 인생이며 퍼스널브랜딩이니까요. 당신 자신을 사랑하는 특별한 방법인 거죠. 그러나 주의할 점은 스스로 자신을 고립시킨 채 아무도 나를 알아주지 않는다고 불평하지 마세요. 그런 변명은 스스로에게도 비겁하고 미안한 일이잖아요.

그렇다면 이제 퍼스널브랜딩을 어떻게 해야 할지 알아야겠지요. 다음 장에서는 구체적으로 퍼스널브랜드를 탐색하고 구축하며, 세상에 알려서 확산하고 관리하는 여정 4단계를 알아보겠습니다. 이런 내용은 읽기만 하면 잊어버릴 수 있으니, 실습할 수 있는 다양한 워크지를 넣어 놓았어요.

가급적 책은 구매하여 읽고 깊이 생각하며, 직접 볼펜으로 적으면서 실천해 보시길 바랍니다. 특히, 적으실 때는 남에게 어떻게 보일까보다는 온전히 자기 자신에게 솔직하게 작성하세요. 내 생각을 남들에게 들킬까 봐 걱정되어 그럴싸하게 보기 좋은 문장만 늘어놓는 경우가 많아요. 진짜 나를 만나기 위해서는 화려한 옷을 내려놓고 온전한 나를 만나야 해요. 물론 그 과정에서 생각이 힘들거나 언어 구사 능력의 부족으로 괴로울 수 있어요. 뭐 어때요. 그것도 나인걸요. 뭔가 인간답고 귀엽잖아요. 또한, 자신이 적은 것을 하나씩 삶에서 실천하다 보면 행복과 고난이 있고, 행운이라는 변수를 만날 수 있습니다. 그럼 우리 함께 이 여정을 시작해 볼까요.

PERSONAL BRANDING GUIDE

퍼스널브랜드 체크리스트

전혀 아니다 1점, 아니다 2점, 보통 3점, 그렇다 4점, 매우 그렇다 5점

No	내용	1	2	3	4	5
1	나의 업무 경험을 간단한 버전과 상세한 버전으로 나눠서 설명할 수 있다.					
2	나만의 업무 노하우가 무엇인지 명확하게 말할 수 있다.					
3	10년 후 나의 모습을 이미지(그림)로 설명할 수 있다.					
4	내가 추구하는 성공의 가치와 유형이 무엇인지 알고 있다.					
5	자신의 감정을 적절하게 통제할 수 있다.					
6	다른 사람이 보는 나의 모습과 내가 추구하는 모습이 유사하다.					
7	나를 설명하는 형용사 3개를 말하고 이유를 설명할 수 있다.					
8	내게 맞는 의상과 헤어스타일을 알고 있다.					
9	시간과 장소에 맞게 적절한 연출을 할 수 있다.					
10	나의 가치를 높이기 위한 전략과 전술을 갖추고 있다.					
11	나의 비전을 한 문장으로 설명할 수 있다.					
12	프레젠테이션(발표)에 자신감이 있다.					

퍼스널브랜드 체크리스트 결과

49점 이상
자신의 가치를 충분히 알고 있으며 브랜드화 전략이 90% 이상 수립된 상태.
이미 자신감 있고 당당한 자세를 갖추고 있어 주변 사람들로부터 부러움을 받고 있을지도 모른다.
만일 아직 자신의 브랜드를 명확하게 하는 한 문장을 만들지 못했다면 지금 당장 만들어두자.
앞으로 중요한 것은 브랜드 관리이다.

37~48점
자신의 가치에 대해 알고 있고 브랜드화하려고 시도해 본 상태.
이런 고민 덕분에 자신의 업무에 대해서도 이해도가 높다.
다만 아직 자신의 브랜드라고 내세울 만한 표현력이 부족하다.
독특한 아이디어를 가미한 브랜드를 만들어보면 더욱 자신감을 갖게 될 것이다.

25~36점
브랜딩에 대한 고민은 있으나 무엇부터 시작할지 잘 모르는 상태.
업무는 충실히 하고 있다고 하더라도 자기 PR에는 아직 미숙하다.
우선 업무 경험을 정리해 보면서 업무 스타일과 문제 해결 방식을 점검해 보자.
브랜드를 만들기 전에 자신에게 어떤 장점이 있는지 점검하는 것부터 시작해야 효과적이다.

24점 이하
퍼스널브랜드라는 단어조차 낯선 상태.
업무에 대해서도 만족하지 않고 있으며 목표나 비전도 불분명할 가능성이 큰 상태이다.
자신의 가치를 알아보고, 즐겁게 일하며 타인을 포용할 수 있도록 노력한다.
이제는 자기 PR과 경쟁력 강화에 신경 쓸 시기라는 것을 명심하자.

2. 당신을 브랜드로 만드는 여정 4단계

이제 당신이 퍼스널브랜드에 관심이 생기고 자신을 브랜딩하고 싶다는 생각이 들었다면 마음의 준비가 된 것입니다. 퍼스널브랜딩은 나를 발견하고 행복한 삶을 살기 위해 떠나는 여행과 같아요. 이 여행은 자기다움이 무엇인지 정의하고, 다른 사람과 구별하며, 나다움에서 우리다움으로 확장해 나가는 과정이에요.

행복한 여행은 자신이 선호하는 여행 스타일을 이해하고 여행 메이트가 원하는 것을 이해하는 것에서 시작되어요. 이러한 이해를 바탕으로 일정과 장소를 계획하고 여행 장소에서 즐거운 시간을 보내며, 안전하게 집에 돌아오는 여정이라고 할 수 있어요. 가장 설레는 순간이 여행이라는 생각이 떠오를 때부터이듯 두근두근 설레며 읽고 실천해 주세요.
당신을 브랜드로 만드는 여정 4단계를 여행하듯 따라가다 보면 어느새
자신이란 존재가 더 궁금해지고 즐거워지는 것을 느낄 거예요. 자신을
발견하고 실천하면, 원하는 수익이 창출되고 자아실현을 통한 성장을
이루게 됩니다.

퍼스널브랜딩 4단계

　성공적인 퍼스널브랜딩을 원한다면 다음의 4단계를 이해하고 실천하
세요. 퍼스널브랜딩의 여정은 브랜드 탐색과 구축, 브랜드 확산과 관리
라는 4단계를 거쳐서 완성됩니다. 첫 번째 브랜드 탐색은 가장 중요한
기초를 만드는 단계로 자신을 발견하고 시장을 분석하는 단계예요. 두
번째 브랜드 구축은 자신의 차별화 포인트를 기반으로 전략적이고 체계
적으로 브랜드를 구축하는 단계입니다. 나만의 콘텐츠를 만들어 적합한
채널을 선정하고 생산해 보세요. 세 번째 브랜드 확산은 온라인과 오프
라인의 다양한 활동을 통해 개인 브랜드를 널리 알려서 인지도를 높이

며 팬덤을 형성하는 단계예요. 네 번째는 외부와 지속적으로 소통하며 브랜드를 관리하는 단계입니다. 브랜드를 평가하고 조율하며, 변화와 적응의 라이프사이클을 만들어갑니다. 당신의 퍼스널브랜드는 어느 단계에 머물러 있는지 객관적으로 살펴보고, 현재 자신에게 필요한 것을 파악하여 행동해 보세요.

1단계 당신이 누구인지 탐색하라

당신을 브랜드로 만드는 여정 4단계의 시작은 자신을 발견하고 분석하는 것이에요. 여행을 계획할 때는 내가 좋아하는 여행 스타일을 생각해 보고 여행지와 준비물, 예산을 결정하잖아요. 여러분의 여행 스타일을 나눠보면 보고 듣고 즐기는 관광파와 휴식의 여유로움을 즐기는 힐링파 그리고 먹부림을 위한 맛집을 탐방하는 맛집파가 있을 수 있겠죠.

퍼스널브랜딩을 할 때 가장 오래 해온 것, 잘하는 것, 좋아하는 것 가운데서 찾아야 해요. 그러기 위해서 자신의 성격, 흥미, 강점, 경력, 대상 등을 알아야 다음 단계로 넘어갈 수가 있어요. 당신이 사람들에게 제공할 수 있는 가치와 대상 그리고 그들이 필요한 제품과 서비스를 알아보도록 할게요.

[Expertise] 본질에 집중한다

얼마 전 퍼스널브랜딩 강의 중에 한 분이 이런 질문을 했어요.
'제가 무엇을 잘하는지 모르겠어요.'

서점에서 만나는 대부분의 자기 계발서는 '당신이 좋아하는 것과 잘하는 것은 무엇인가요?'라고 묻고 있어요. 이런 질문에 어떻게 대답해야 하는지 당황하는 사람들이 많아요. 이 질문에 바로 답하는 사람은 드물지만, 대부분의 사람은 이미 답을 가지고 있습니다. 단지 그동안 누군가 물어본 사람이 없었고, 알 필요가 없었기에 바로 답이 나오지 않을 뿐이에요. 사실 이런 질문은 회사 면접에서 흔한 질문이잖아요. 그때는 그렇게 무에서 유를 찾아내듯 치열하게 만들어냈는데, 어느덧 사회생활에 익숙해진 당신은 까마득하게 잊어버린 거예요.

강아지를 좋아하는 누군가는 동물 훈련사가 되고, 노래를 잘하던 누군가는 가수가 됩니다. 특별한 시작이 있는 것처럼 보이지만, 실제는 좋아해서 시작한 일이나 지인들에게 칭찬받은 일이 당신의 콘텐츠가 되는 경우가 많아요. 그렇기에 다음 내용을 읽으면서 자신을 조금 더 관찰하고 발견하시길 바랍니다.

퍼스널브랜딩 탐색의 첫 번째는 Expertise(전문 지식)를 찾는 것입니다. 전문 지식은 특정 분야에서 깊은 지식과 경험을 갖춘 능력을 의미해요. 이를 통해서 다른 사람들과 차별화되어 신뢰를 얻고, 경제적 이익과 명성을 가질 수 있어요. 퍼스널브랜딩을 위한 가장 기본적인 재료라고 할 수 있어요.

전문 지식을 찾는 방법을 알아보도록 할게요. 가장 먼저 자신의 관심사를 파악하세요. 어떤 분야에 흥미를 가지고, 지치지 않는 열정을 발휘할 수 있는지 생각해 보세요. 조금 더 전문적인 분석을 원한다면 흥미 유형을 알아보는 '홀랜드 검사', '스트롱 검사'를 해볼 수 있습니다. 두 번째는 자신의 강점을 분석하세요. 어떤 분야에서 경험을 쌓았고 능력을 갖추고 있는지 모두 적도록 합니다. 자신의 전공, 학력, 자격증, 경력 등을 적고 분류하는 작업이 필요해요. 이를 위해서 강점을 찾아보는 '스트렝스5'라는 검사를 통해 알아볼 수 있어요. 세 번째는 관련 지식과 경험을 더욱 성장시키기 위해 노력하세요. 관련 분야의 전문 서적이나 연구 자료를 공부하고, 멘토나 선배의 도움을 통해 발전시킵니다. 이를 통해서 다른 사람들에게 도움을 줄 수 있는 콘텐츠가 무엇이 있는지 알아보고 자신의 실력을 더욱 향상시키도록 하세요. 우리가 배고플 때, 냉장고에 어떤 재료가 있는지 알고 있어야만 어떤 요리가 가능한지 알 수 있잖아요. 내가 가진 재료를 파악하는 과정이라고 할 수 있습니다.

위와 관련해서 저의 사례를 공유해 보아요. 저는 어릴 때부터 그림을 그리거나 인형 옷을 만들어주는 것을 좋아했어요. 그래서 패션디자이너나 화가가 되고 싶었습니다. 어려운 여러 상황으로 하고 싶었던 일을 포기하고 평범한 직장인이 되었어요. 그렇지만 항상 그 분야에 흥미가 있었기 때문에 취미로 주말이나 퇴근 후 관련 아카데미를 다녔습니다. 직업을 바꿀 생각을 해본 적이 없었지만, 그냥 배우는 자체가 좋았어요. 아카데미 과제가 있는 날이면, 학교처럼 성적 평가를 하는 것이 아님에도 너무 재미있어서 새벽까지 과제를 하고는 했습니다. 이렇게 즐거워서 열정을 다한 일이 어느 순간 사람들의 관심과 칭찬을 받으면서, 그 취미가 지금의 직업으로 연결되었어요. 여러분도 자신의 DNA가 알려주는 흥미로운 방향을 잘 관찰해 보세요. 그러면 억지로 하려 하지 않아도 자신도 모르게 열정을 쏟게 되고, 전문성이 향상되면서 궁극적으로 사람들에게 도움을 주어 영향력을 펼칠 수 있게 됩니다.

만약 위의 작업을 하려니 너무 막막하고 자신을 도저히 모르겠다면, 성격이나 흥미 유형 등 기본부터 차곡차곡 당신을 탐색하는 작업이 필요해요. 앞서 알려드린 홀랜드와 스트롱, 스트렝스5 검사들은 유료 검사입니다. 그래서 독자를 위해서 자신의 성격과 흥미 유형을 무료로 알아볼 수 있는 사이트를 소개해 드릴게요.

고용노동부와 한국고용정보원이 운영하는 고용24는 구인구직정보와 직업진로정보를 제공하는 취업정보 사이트입니다. 고용24 사이트에 접속하여 '직업심리검사 → 성인용 심리검사 → 직업선호도검사 L형'을 클릭해서 검사를 받으면 됩니다. 여러 검사 중에서 직업선호도검사 L형은 성인 구직자들이 자신의 흥미, 성격, 생활사와 같은 심리적 특성을 이해할 수 있도록 하고, 검사 결과를 통해서 직업 탐색과 선택에 도움을 제공해 주고 있어요. 실제 제가 퍼스널브랜딩 컨설팅이나 강의에 활용하고 있는 신뢰할 수 있는 검사이니 해보시길 바랍니다.

브랜드 탐색은 건물의 기초가 튼튼해야 오래도록 보존되듯이 자신을 객관적으로 파악하여 브랜드의 지속 가능성을 높이도록 합니다. 시간적 여유를 가지고 자신을 발견하려고 노력하기 바랍니다. 이 파트에서 '본질에 집중한다.'를 강조한 이유는 급한 마음이 앞서게 되면 나라는 중요한 자원을 놓치기 때문이에요. 매력적인 브랜드가 되려면 깊은 자기 탐색은 반드시 필요한 과정입니다.

그렇다면 어떤 것들을 알아봐야 하는지 궁금할 거예요. 다음의 사항들을 알아보고 당신에게 필요한 요소를 파악하여 퍼스널브랜드 포트폴리오를 만들어 가세요. 실제 제가 퍼스널브랜딩 컨설팅을 할 때 사용하는 분석 도구와 시스템이 있으나 이 책에 모두 담기에는 한계가 있으므로 대략적인 주제만 적어봅니다.

퍼스널브랜드 분석	
- 전문 지식과 스킬	- 퍼스널브랜드 트라이앵글 분석
- 성격, 흥미, 열정, 가치관	- 퍼스널브랜드 자산 모델 분석
- 자아 존중감, 열등감	- 퍼스널브랜드 SWOT 분석
- 미션, 목표, 아이덴티티	- 잡 스토리(JOB STORY)
- 리더십, 대인 관계 스타일	- 기타

　다양한 분야의 재능이 넘치는 다능인이라면 다음의 탈무드 문장을 읽고 생각해 보세요. "진실을 더하려면 진실을 빼라(When you add to the truth, you subtract from it)." 자신을 포장한 것들을 걷어내면 온전히 본질만 남게 됩니다. 이 과정에서 자신과 끊임없이 질문과 답을 하는 시간을 가지세요. 단순한 질문부터 시작해서 점점 더 구체적으로 질문하고 답을 찾아갑니다. 퍼스널브랜딩은 나 자신과의 소통을 통해 자기다움에 다가서는 일이니까요.

　마지막으로 다음과 같은 질문을 받아서 적어보아요. '저도 모르게 좋아 보이는 것들을 하다 보니, 실제 나의 모습과 너무 다르지 않을까 걱정되어요.' 독자 여러분은 어떻게 생각하세요? 퍼스널브랜드가 나와 완전히 다를 수 있을까요? 대답을 먼저 하자면 나와 퍼스널브랜드가 전혀 다른 건 흔하지 않은 일입니다. 국민 MC 유재석이 트로트 가수와 소속사의 대표가 되고, 트로트 가수가 신인 AI 아이돌이라는 멀티 페르소나를 만드는 시대지만 전혀 다른 개인이 되기는 쉽지 않아요. 사실 그들의 본체를 많이 닮았거든요.

[Value] 당신의 쓸모를 탐구한다

사람들이 기억하는 브랜드는 그들만의 유용한 가치를 가지고 있습니다. 이런 브랜드는 다른 브랜드가 자신을 복제할 수 없도록 가치를 선점하거나 독점하고자 비용과 노력을 쏟고 있어요. 아래의 브랜드를 보면 사람들이 자연스럽게 연상하는 단어입니다.

Harley-Davidson → Freedom

Volvo → Safety

BMW → Best Driving

Daiso → Low price

Nike → Perfomance

할리데이비슨은 다른 오토바이보다 고장이 많고 큰 소리를 내는데도 불구하고, 사람들이 브랜드 로고를 문신으로 새길 정도로 사랑받고 있어요. 가치의 사전적 의미가 쓸모라면, 사람들은 왜 원가를 넘어선 가격을 지불하고 제품을 구입하는 것일까요? 사람들은 쓸모를 넘어서 숨어 있는 가치를 소유하고 싶기 때문이겠죠. 숨어 있는 가치를 보여주는 것이 바로 브랜딩입니다.

이제 당신의 가치를 알아보기 위해서 가장 기본적인 단계부터 시작해볼게요. 퍼스널브랜딩을 구축하기 위해서 다음 질문에 답해보세요. 대부분의 사람은 '당신의 가치는 무엇인가요?'라는 질문에 당황스러워하며 아래와 같이 반문하곤 합니다.

질문자: 저한테 어떤 가치가 있을까요? 잘 모르겠어요.

김지양: 지금 회사에 다니고 계시죠?

질문자: 네.

김지양: 어떤 업무를 하고 계세요?

질문자: 영업을 하고 있어요.

김지양: 회사에서 돈을 주고 연석 님을 고용하고 있다는 건, 연석 님이 영업이라는 가치를 회사에 주기 때문이에요. 그러니 연석 님의 현재 가치는 영업이라고 할 수 있어요.

질문자: 아~ 그렇군요!

현재 돈을 받고 교환하고 있는 자신의 제품이나 서비스가 바로 당신의 가치입니다. 세상의 모든 브랜드는 고객에게 가치 있는 무언가를 제공하잖아요. 만약 퇴직했거나 경력이 중단되었다면 과거의 자신을 생각해 보세요. 경력이 없는 사회 초년생은 학교 전공을 떠올리면 더 신속한 가치를 만들어낼 수 있어요. 살림 고수 전업주부는 연봉을 받지 않더라도, 생각해 보면 살림은 엄청난 노하우가 집약된 분야이므로 집안일이라는 가치를 창출할 수 있어요. 예를 들면 정리와 청소에 자신이 있다면 정리수납 컨설턴트로 활동하거나 건강한 먹거리를 쉽게 만드는 노하우를 전달하는 요리 채널을 운영할 수도 있어요. 즉, 사람들이 당신의 지식과 경험이 유익하다고 느낄 때 그것은 가치가 됩니다.

세상에 쓰임이 되는 사람은 누구나 가치를 가지고 있습니다. 가치(Value)라는 단어는 라틴어 발레레(Valere)에서 유래되었는데, 발레레는 '건강하다.', '생명력이 있다.', '강하다.'는 의미가 있어요. 고대에서 가치는 곧 생명을 말하는 것이기에 당신이 가치 있다는 것은 생명력 있는 자기다움이 있는 상태라고 할 수 있어요. 현재 스스로 생명력을 불어넣을 수 없다면, 그건 다른 사람이 만든 세상에서 머무는 손님에 불과합니다.

당신이 살아온 인생은 지구에 있는 80억의 그 누구와도 같을 수 없어요. 지구별에 서식하는 사람들의 유일한 공통점은 모두가 다르다는 것이에요. 그러므로 당신이 살아온 이야기와 알고 있는 지식은 생각보다 훨씬 더 가치가 있습니다. 당신의 경험을 사람들과 나눔으로써 그들은 간접적인 체험과 교훈을 얻게 되어요. 결국, 사람들에게 도움을 주고자 마음먹고 행동한다면 그들이 필요한 지식과 경험을 제공할 수 있어요. 사람들의 성공을 돕고 원하는 경제적 가치를 창출하세요. 이 과정에서 당신은 먹고사는 문제인 생존을 해결하고, 더욱 성숙한 자아실현을 이루게 됩니다. 자신만의 지혜와 경험을 가졌다는 것을 잊지 마세요. 아직 당신이 발견하지 못했을 뿐이에요. 그리고 당신에게는 이미 정해진 경력 로드맵이 있어서 다른 일을 하지 못할 것이라고 단정하고 스스로 울타리에 가두지 마세요. 세상은 넓고 그만큼 다양한 일이 있거든요.

경영컨설턴트 브랜드 버처드(Brendon Burchard)는 "사람들이 당신에게 자주 묻는 그것이 바로 당신의 콘텐츠다."라고 했습니다. 당신이 무엇을 잘하는지 모를 때는 사람들이 당신에게 궁금해하는 것이 무엇인지 생각해 보세요. 그들의 질문을 모아서 정리해 두세요. 질문과 당신의 경험이 중복되는 항목이 콘텐츠가 됩니다. 평범해 보이는 사람이라도 자기다운 생각과 새로운 관점으로 바라본다면 나만이 줄 수 있는 가치를 만들 수 있습니다.

사람들은 자신의 시간이나 돈을 아껴주는 것에 관심을 가집니다. 어떤 분야든 성공의 방법을 알아냈다면 다른 사람들에게 알려줄 수 있어요. 당신이 어떤 것을 알게 되기까지 오랜 시간이 걸렸다면, 같은 일을 하려는 사람의 시간과 에너지를 아끼도록 도와준다면 충분히 가치 있는 것이 됩니다. 당신보다 많이 알고 있는 전문가가 있다는 것이 걱정되나요? 그렇다면 이렇게 생각해 보세요. 내가 그 분야에 5 정도 수준을 안다면 1~4 수준을 아는 사람에게 알려주면 됩니다. 그 분야의 마스터가 아니더라도 3 정도 수준이라면, 처음 시작하는 초보자에게 도움을 주는 것이죠. 이렇게 생각하면 훨씬 마음이 가벼워지실 거예요.

만약 질문을 받아본 경험이 많이 없다면 어떻게 해야 할까요? 그렇다면 여러분이 가장 오래 해온 것, 가장 잘하는 것, 가장 좋아하는 것 가운데서 찾아보세요. 다른 사람과 비슷하게 느껴지면 차별화를 고민해야 합니다. 차별화는 당신의 관심사와 성격, 재능의 교집합에서 찾을 수 있어요. 이 교집합은 차별화된 가치로 스위트 스팟(Sweet spot)이라고 부릅니다. 당신만의 스위트 스팟을 주변 사람에게 나누고 공감하며 알리는 작업이 퍼스널브랜딩이에요.

관점의 전환을 통해 숨어 있는 것을 찾아내야 한다고는 하지만 막상 생각하면 어려우실 거예요. 다음 몇 가지 사례를 보며 자신의 차별점을 찾아보기 바랍니다. 유명한 관점의 전환 사례는 아오모리현의 사과 이야기예요. 이미 아시는 분도 있지만, 처음 듣고 인사이트를 얻는 분들이 많아서 적어볼게요. 일본의 아오모리현은 일본뿐만 아니라 세계적으로도 유명한 사과 생산지입니다. 이처럼 유명한 사과 생산지에서도 큰 위기가 있었습니다. 1991년 발생한 태풍으로 인해 출하를 준비 중인 사과의 90% 정도가 낙과하는 막대한 피해가 발생했어요. 겨우 남아 있는 10%의 사과도 상처가 나거나 긁혀서 상품 가치가 없었습니다. 이러한 위기 상황에서 당신이라면 어떻게 했을까요? 아마 저는 망연자실한 채 사과 농사를 접고 다른 일을 알아보려고 했을지 모르겠어요. 그러나 아오모리현의 농장 주인은 낙과 사과를 판매하기로 결정합니다. 마침 대학 입시가 다가오고 있었고, 거센 태풍에 살아남은 이 행운의 사과를 '합격 사과'라는 이름으로 판매하기 시작했어요. 즉, 낙과 사과를 '피해 사과'가 아닌 태풍에도 떨어지지 않은 '합격 사과'로 관점을 전환하여 판매한 것이죠. 행운을 주는 합격 사과는 소비자들의 호응을 얻으며 빠르게 매진되었습니다. 관점을 전환하여 위기를 기회로 만든 좋은 사례라고 할 수 있지요. 부정적인 상황을 긍정적인 이야기로 역발상하여 소비자들에게 전달함으로써, 농장 주인은 낙과 사과를 특별한 가치로 만들어 판매에 성공합니다.

닉 부이치치의 이야기를 해드릴게요. 1982년 닉은 선천적으로 짤막한 왼쪽 발을 제외하고는 양쪽 팔과 오른쪽 다리가 없이 태어났어요. 어린 시절 다른 아이들과 신체적인 차이를 알게 되고 8세 때 극심한 우울증으로 삶을 포기하고 싶었다고 합니다. 그러나 그는 많은 어려움에도 불구하고 긍정적인 태도와 강한 의지로 자신의 신체의 한계를 극복하고 삶을 개척해나갑니다. 그는 자신의 이야기를 담은 도서 『닉 부이치치의 허그』를 출간합니다. 이 책은 큰 인기를 끌며 전 세계에서 강연 요청을 받게 됩니다. 현재 그는 베스트셀러 작가이자 동기부여 연설가로 세계를 다니며 활동하고 있어요. 닉은 자신의 장애를 극복하기 위해 끊임없이 도전하며, 실천하는 삶을 통해 사람들에게 희망과 용기를 전달하고 있어요. 그는 "어려움이 있더라도 포기하지 말고, 자신의 꿈을 향해 나아가라."라고 말합니다. 또한, 결혼하여 아내와 아들의 든든한 아빠로 평범한 일상도 살고 있어요. 만약 여러분이 닉 부이치치와 같은 신체를 가지고 태어났다면 어떻게 삶을 살아가고 있을까요? 혹시 당신은 가지지 못한 것을 계속 동경하며 지금의 삶에 충실하지 못하지는 않은지 생각해 보세요. 지금 가진 것에 감사하고 관점 전환하여 자신만의 가치를 발견하시기 바랍니다.

저는 유년 시절부터 청소년기까지 자아 존중감이 매우 낮고 열등감이 높았어요. 내가 잘하는 일이 있을까 싶을 정도로 자신감도 없었고요. 하지만 지금은 다양한 사람과 좋은 관계를 맺고, 많은 사람 앞에서 강연하고 있습니다. 또한, 다른 사람들에게 도움이 되고자 지금은 이 책을 쓰고 있어요. 닉과 제가 변화한 것처럼 여러분도 자신의 생각보다 충분히 훌륭하게 해낼 수 있습니다. 그러니 관점을 전환해 보세요.

[Target] 욕망하게 할 대상을 선정한다

여러분의 관점을 전환하여 가치를 발견했다면, 나라는 브랜드의 제품과 서비스를 구매해 줄 대상이 있어야 하겠지요. 앞서 이야기 했던 영업 사원 연석 님은 기업에서 영업이라는 나의 가치를 사주었어요. 개인이나 조직이 강의나 컨설팅이 필요할 때 저의 가치를 구매합니다. 결국, 퍼스널브랜드의 가치를 사는 사람은 내가 아닌 타인인 거죠. 그렇기에 여러분의 콘텐츠를 구매해 줄 대상을 분석하는 것은 퍼스널브랜드의 지속 가능성에 영향을 줍니다. 일시적으로 지인이 구매해준다고 하더라도, 오랫동안 그 일을 하기 위해서는 더 많은 고객을 확보해야 해요. 당신의 콘텐츠에 관심을 가지고 돈과 시간을 소비할 대상을 찾는 방법을 알아보도록 할게요.

기업은 가장 최적화된 대상을 파악하기 위해서 전문적인 시스템을 활용합니다. 간단히 말하자면, 고객의 문제를 파악하고, 유사한 특성과 요구를 가진 고객 그룹으로 나누는 시장세분화(Segmentation)를 해요. 이를 통해 다양한 고객 그룹 중에서 기업의 제품과 서비스에 가장 적합한 특정 그룹을 선택하는 목표 설정(Targeting)을 합니다. 최종적으로 기업이 자사 제품이나 브랜드를 경쟁 업체와 차별하여, 타깃에게 각인시키는 포지셔닝(Positioning) 작업을 합니다. 이것을 마케팅 STP 전략이라고 해요. 벌써 7줄의 글만 읽었는데도 두통이 생기지 않나요? 저는 패션 마케팅을 전공했기 때문에 그럭저럭 괜찮은데 아마 일반 독자라면 벌써 책을 덮으셨을 수도 있어요.

그럼 조금 더 쉽게 이야기해 볼게요. 우선 사람들의 문제를 해결해 주면 관심을 받고 경제적 이익이 생긴다는 것을 기억하세요. 당신의 대상은 어떤 문제를 가지고 있는 사람이라는 것이죠. 그 문제가 해결되지 않아서 고민인 사람들이 바로 당신의 대상이에요.

예를 들면, 가죽 공방을 운영하는 이지은 작가는 우연한 기회로 기업에서 강의 의뢰를 받았습니다. 좋은 기회임에도 불구하고, 주로 공방에서 소규모 클래스를 운영한 경험이 전부이다 보니 기업 강의를 하는 것은 자신이 없었어요. 하지만, 이번 강의 의뢰는 놓치고 싶지 않습니다. 커리어에 많은 도움이 되고 사업을 확장할 기회거든요. 강의 경험이 없어서 두렵고 걱정이 되지만 해결 방법을 찾고 싶습니다. 이럴 때 누구에게 도움을 받으면 좋을까 고민하며 인터넷 검색을 해보고 지인들에게 물어보기도 해요. 그러다가 친한 선배에게 예전에 자신이 강의를 수강

했던 강사님께 문의해보면 어떻겠다고 합니다. 포털사이트에 이름을 검색해보니 오랜 강의 경력과 수상, 기업 강의 명강사라는 경력을 가진 분이어서 믿음이 가서 연락을 했어요. 강사님께 강의를 잘하는 방법을 배우고 부지런히 연습한 결과, 성공적으로 강의를 마치게 됩니다. 이번 기회로 강의가 더 이상 두렵지 않게 되었고, 강의했던 곳의 후기가 좋아서 앙코르 강의까지 의뢰받았어요. 즉, 이지은 작가는 강의를 하고 싶지만 잘하는 방법을 잘 알지 못했던 문제를 해결한 것이지요. 이 책을 집필한 저의 대상은 바로 이런 분이라고 할 수 있습니다.

그렇다면 여러분의 대상은 누가인가요? 여러분의 경험이나 지식이 필요한 사람이 누구인지 찾아보세요. 우선 생각나는 대로 대상이 될 만한 사람을 모두 적으시기 바랍니다. 그 후에 카테고리를 나눠서 분류하고, 그중에서 내 콘텐츠가 가장 필요한 그룹을 순위대로 선정하세요. 바로 그 사람이 최적의 대상이에요. 예를 들면 대학가 근처 헤어숍에서 일하는 헤어디자이너라면 대상은 누구일까요? 대학가라는 지역 특성상 중장년층보다는 트렌드에 민감한 청년층이 많다는 것을 예상할 수 있어요. 그들은 소셜미디어를 많이 사용하기에, 인스타그램이나 유튜브와 같은 채널을 활용해서 홍보하는 것이 더욱 효과적이겠죠.

조금 더 전문적인 정보를 공유하자면 다음과 같아요. 만약 이 단락이 어려우시다면, 다음 단락으로 넘어가서 책을 읽어도 무방합니다. 퍼스널브랜딩을 위한 대상을 분석하는 방법으로는 고객 프로필 작성, 시장조사, 소셜미디어 분석, 경쟁 분석, 고객 여정 지도, 데이터 분석 등이 있습니다. 먼저 고객 프로필 작성은 대상의 연령, 성별, 직업, 소득수준, 지역 등을 포함한 인구통계학적인 기본 정보를 수집하고 분석하여 고객 프로필을 만드는 작업이에요. 실제 브랜드에서 가상의 고객을 설정하여 콘셉트를 만드는 경우가 많아요. 예를 들면 '우리 제품을 구입하는 이윤재 님은 32세의 연봉 4000만 원을 받는 평범한 직장인이지만, 트렌드에 매우 민감하고 OTT 구독에 돈과 시간을 많이 사용한다.'와 같은 가상의 인물을 설정하는 등의 방법입니다. 두 번째, 시장조사는 설문 조사, 인터뷰, 포커스 그룹 등을 통해 그들의 니즈, 관심사, 행동 패턴 등을 조사합니다. 이를 통해 고객의 구체적인 요구와 기대를 파악해 볼 수 있어요. 세 번째, 당신이 생각하는 대상의 소셜미디어를 찾아보고, 그들이 어떤 콘텐츠에 관심을 가지고 반응하는지를 알아보도록 합니다. 네 번째는, 경쟁 브랜드의 리스트를 만들고, 그들의 주요 고객과 전략을 다양한 관점에서 분석해 보는 것입니다. 가끔은 경쟁 브랜드의 성공 포인트가 예상과 다름을 발견할 수도 있거든요. 이를 통해 자신의 대상을 더욱 명확히 정의할 수 있어요. 다섯 번째, 고객 여정 지도는 고객이 콘텐츠와 관련된 제품이나 서비스를 접할 때, 마치 고객이 된 것처럼 경험을 그려나갑니다. 만약 여러분이 유럽 여행을 가려고 한다면, 이미 다녀온 사람들의 블로그나 유튜브의 여정을 그대로 따라 하거나 참조하는 경우가 많잖아요. 이와 유사한 여정 지도라고 생각하면 될 것 같아요. 고객과 브랜드가 상호작용하는 모든 단계를 시각적으로 나타낸 고객 여정 지도를 만들고, 각 단계에서 고객의 경험과 감정을 분석하는 것입니다. 이러한 과정을 통해 수집한 정보를 바탕으로 각 대상에게 맞는 맞춤형 전략을 개발할 수 있어요.

기업처럼 각 분야의 전문가가 방대한 양의 정보를 가지고 분석해 주면 좋겠지만, 퍼스널브랜딩을 하려는 개인은 이러한 시스템을 활용하기에는 무리가 있어요. 그래서 가장 쉬운 방법은 당신의 콘텐츠를 궁금하게 여기고 돈을 지불할 수 있는 사람을 먼저 생각해 보도록 합니다.

PERSONAL BRANDING GUIDE

1. 당신이 생각하는 최고의 브랜드(기업/유명인)는 무엇인가요?

2. 현재 직업이 있다면 직업 만족도는 몇 점인가요?(1~10점)

3. 직업에 만족하지 못하는 부분을 개선할 방법은 무엇인가요?

4. 당신이 항상 열정을 가지고 있는 주제는 무엇인가요?

5. 당신을 좋은 사람으로 만들어주는 장점은 무엇인가요?

6. 당신에게 사람들이 궁금할 만한 경험은 무엇인가요?

7. 당신이 퍼스널브랜딩을 하고 싶은 이유는 무엇인가요?

8. 당신이 사람들이 잘하도록 돕고 싶은 주제와 이유는 무엇인가요?

9. 그 주제를 더욱 잘하기 위해서 당신이 갖춰야 할 것은 무엇인가요?

10. 그 주제와 관련된 사람 중에서 당신의 롤모델은 누구인가요?

자아 존중감 체크리스트

아니다 1점, 가끔 그렇다 2점, 대체로 그렇다 3점, 항상 그렇다 4점

No	내 용	1	2	3	4
1	나는 다른 사람만큼 가치 있는 사람이다.				
2	나는 어려움 없이 내 마음을 결정할 수 있다.				
3	나는 좋은 장점을 많이 가지고 있다.				
4	나는 다른 사람들만큼 일을 해나갈 수 있다.				
5	나는 행복한 사람이다.				
6	나는 나 자신을 잘 안다.				
7	나는 쉽게 포기하지 않는다.				
8	나를 좋아해 주는 사람이 많다.				
9	나는 스스로에 대한 긍정적인 태도를 갖는다.				
10	나는 현재 내가 하는 일에 만족한다.				

자아 존중감 체크리스트 결과

30점 이상
자아 존중감이 높은 당신, 지금처럼 자신을 사랑해 주세요.

20~29점
자아 존중감이 평균인 당신, 조금 더 자신을 사랑해 주세요.

19점 이하
자아 존중감이 낮고 비관적이며 부정적인 경향 있는 당신,
자신에 대해 조금 더 긍정적으로 생각하는 노력이 필요해요.

2단계 당신의 브랜드를 정의하라

당신의 이름을 지웠을 때 누구인지 설명이 가능한가요? 퍼스널브랜딩이 완성된 사람은 자신을 표현하는 키워드나 메시지, 이미지를 가지고 있습니다. 당신의 브랜드를 정의하고 저작물, 영상, 상징 등의 표현물 등으로 사람들에게 전달하세요.

[Keyword] 독보적인 단어를 탐하라

다음의 빈칸을 채워보세요.

혁신의 아이콘 _____

토크쇼의 여왕 _____

팝의 황제 _____

아마 여러분은 그리 어렵지 않게 빈칸을 적으셨을 거예요. 혁신의 아이콘 스티브 잡스, 토크쇼의 여왕 오프라 윈프리, 팝의 황제 마이클 잭슨은 글로벌 마켓에서 세계인의 사랑과 주목을 받으면서 자신만의 강력한 브랜드를 만들었어요. 스티브 잡스나 마이클 잭슨은 생을 다한 후에도 사람들의 마음에 오래도록 각인된 브랜드입니다. 그들은 자신만의 아이덴티티를 제품과 이미지로 보여주었고, 공감을 얻어서 세계적인 명성과 엄청난 부를 창출해 냈습니다. 강력한 브랜드는 자신의 이름을 대신하는 키워드를 가지고 있어요. 그렇다면 당신은 다음의 질문에 대답해 보시기 바랍니다.

'당신의 이름을 대신할 단어는 무엇인가요?'
'그 단어를 최근 일주일 동안 실천한 사례를 이야기해 주세요.'

퍼스널브랜딩 키워드는 개인의 성공에 매우 중요한 요소입니다. 나만의 독점적 키워드를 가진다는 것은 다른 사람들과의 차별적 우위를 선점하고 유일성을 획득하는 것이죠. 유일성(UPS: Unique Selling Proposition)이란 상대방에게 전달되는 자신만의 차별화된 특징으로 퍼스널브랜드의 핵심을 확보하는 요소입니다. 브랜딩을 하는 사람의 소망은 세상에 하나밖에 없는 대체 불가능한 유일한 브랜드가 되는 것이죠.

당신의 이름과 동일하게 여겨질 수 있는 키워드를 찾으세요. 온전히 자신을 표현하고 증명할 수 있는 단어를 발견하세요. 어릴 때 친구들이 붙여 주는 별명처럼 조금은 즐겁게 그러나 콘텐츠의 핵심 단어를 담아서 전략적으로 만들어보세요. 당신은 키워드를 만드는 과정에서 어떤 가치를 제공할 수 있는 브랜드인지 본질과 방향성이 더욱 명확해질 것입니다. 독보적인 키워드는 사람들에게 당신을 떠오르게 하면서 동시에 신뢰도를 높이는 역할을 합니다. 명확한 키워드를 가진 사람은 후광효과를 통해 다양한 기회와 네트워크를 확보하게 됩니다.

저의 경우는 2015년 '매력자본연구가 김지양'이라는 키워드를 만들고, 특허청에 상표등록을 하였어요. 특히 다른 사람이 동일한 키워드를 사용하지 못하기 때문에 유일성을 확보한 독점적 브랜드가 되었습니다. 이 키워드를 들은 사람들은 저와 콘텐츠에 대한 궁금증이 생기고 긍정적인 반응을 하는 경우가 많습니다.

퍼스널브랜딩 키워드를 만드는 방법을 다음과 같아요. 먼저 자신의 강점을 파악하고, 목표를 설정하고 대상을 고려하여 독창성 있는 키워드를 조합합니다. 그렇게 만들어진 키워드는 다른 사람들에게 객관적인 피드백을 받아 수정 보완하는 작업을 거쳐서 최종 사용합니다. 과정을 통해 나만의 퍼스널브랜드 키워드를 만들어보세요. 다음의 '나만의 Keyword 찾기' 단계를 따라가며 자신을 탐구하여 완성하세요.

나만의 Keyword(키워드) 찾기

Step 1. 강점 파악하기

자신이 잘하는 것, 좋아하는 것, 전문성을 가진 분야를 생각해 보세요.

이 부분은 1단계에서 알아본 내용을 사용하면 되어요.

Step 2. 목표 설정하기

어떤 이미지나 메시지를 전달하고 싶은지 명확히 정의하세요.

예를 들어, '공감', '소믈리에', '관점확장' 등의 키워드를 생각해 보세요.

Step 3. 대상 고려하기

어떤 사람을 대상으로 하고 싶은지, 그들이 원하는 가치나 메시지는 무엇인지 고민해 보세요.

이 부분도 1단계에서 알아보았기에 쉽게 정리할 수 있어요.

Step 4. 독창성 찾기

자신의 고유한 경험이나 이야기를 반영하여 다른 사람들과 차별화될 수 있는 요소를 찾아보세요.

Step 5. 키워드 조합하기

위의 요소를 바탕으로 키워드를 조합해 보세요.

예를 들어, '공감마케터', '채소소믈리에', '관점디자이너' 등으로 정리해 보세요.

Step 6. 피드백 받기

주변 사람들에게 자신의 키워드에 대한 의견을 들어보세요.

이를 통해 더 나은 방향으로 수정할 수 있어요.

[Message] 한 문장으로 당신을 설명하라

다음의 브랜드 슬로건을 읽고 브랜드명을 맞혀보세요.

Just Do It.

The Happiest Place on Earth.

정(情)을 나누세요.

풀려라, 5천만! 풀려라, 피로

바른 먹거리

세상에서 가장 작은 카페

흔들리지 않는 편안함

침대는 가구가 아니라 과학입니다.

야, 너두 할 수 있어.

별이 다섯 개

여러분은 10개 중에서 몇 개의 정답과 맞추셨나요? 정답을 순서대로 나열해 볼게요.

나이키, 디즈니, 초코파이, 박카스, 풀무원, 카누, 시몬스, 에이스침대, 야나두, 장수돌침대

평생 미디어를 접하지 않은 자연인이 아닌 이상 최소 5개 이상은 정답을 맞혔을 거예요. 브랜드의 슬로건만 보고도 어떤 브랜드인지 알 수 있는 것이 신기할 정도로 오랫동안 기억하게 됩니다. 'Just Do It.'이라는 말을 들으면 나이키 로고가 생각나고 이어서 스포츠 장면과 제품이 떠오르죠. 사실 이 문장은 매우 보편적인 문장이지만, 나이키는 브랜드 메시지를 담아 성공적인 스토리텔링을 하였기에 사람들에게 각인되었어요. 이처럼 사람들이 메시지를 통해 당신의 브랜드를 오래도록 기억하게 하세요.

세계적인 마케팅 전문가 세스 고딘(Seth Godin)은 "자신에 대해 한 문장으로 표현할 수 없다면, 당신은 아직 자신의 자리를 갖지 못한 것이다."라고 했습니다. 브랜드 메시지는 하나의 문장으로 압축되어 상대방의 마음속에 즉각적으로 연상되도록 하는 것으로 퍼스널브랜드 핵심이라고 할 수 있어요. 당신이 미래에 보여주고 싶은 모습을 상상하며 메시지를 만들어보세요.

저의 경우 오랜 고민 끝에 슬로건을 '당신의 매력은 브랜드가 된다(2015).'라고 만들었어요. 작가의 핵심 콘텐츠인 매력과 브랜드, 그리고 인간을 대상으로 한다는 것을 한 문장에 모두 담았습니다. 그 이후 저는 '당신의 매력을 브랜드로 만들어드리는 국내 1호 매력자본연구가 김지양입니다.'라고 소개하고 있어요. 저의 키워드와 슬로건을 들으신 분들이 오랫동안 기억해 주시는 경험을 하고 있습니다.

여러분의 콘텐츠가 들어간 슬로건을 만들어보세요. 처음은 어색하고 고민이 될 거예요. 왠지 내가 잘하는 것이 있나, 이런 말을 해도 될 정도로 실력이 있는 걸까 싶고 매우 쑥스러울 수 있어요. 현재 뛰어난 전문가가 아니더라도 좋아요. 내가 되고 싶은 모습을 메시지에 담아도 좋습니다. 지구별 많은 사람에게 당신을 브랜드로 기억하게 하려면 꼭 필요한 작업이라는 걸 잊지 마세요.

[Image] ABC에 본질을 담아라

다음의 문장을 보고 당신의 이미지는 어떤지 생각해 보세요.
'당신이 상대방에게 명함을 주기 전에, 상대방은 당신이 어떤 일을 하는 사람인지 알 수 있나요?'

이 질문에 자신 있게 '예스'라고 대답했다면, 당신은 이미 콘텐츠에 적합한 이미지를 가지고 있습니다. 그러나 망설였다면 이 글을 읽고 매력적인 이미지를 만들어보기 바라요. 〈이미지 체크리스트〉를 통해 체크해 보고, 자신이 원하는 이미지를 생각해 보기 바랍니다.

강력한 하나의 이미지가 긴 문장보다 브랜드를 더욱 잘 전달하기도 합니다. 훌륭한 콘텐츠를 가진 사람이더라도 상대방에게 자신을 제대로 표현하지 못한다면 비즈니스나 인간관계에서 선택받기 어렵겠죠. 매력적인 이미지를 가진 사람은 다른 사람들보다 먼저 주목을 받습니다.

라이코노믹스(Likeonomics)란 'Like'와 'Economics'의 합성어로 호감경제학이라고 할 수 있어요. 세계적인 마케터 로히트 바르가바(Rohit Bhargava)가 처음 사용한 용어로 "우리가 내리는 거의 모든 결정에 영향을 미치는 것은 논리가 아니라 관계이며 보다 확실한 믿음을 주고 신뢰를 얻으려면 호감도를 높여야 할 필요가 있다."라고 했어요. 좋은 이미지는 상대에게 긍정적 감정을 일으키고, 신뢰를 쌓는 데 도움을 줍니다. 이러한 과정에서 결국 그 사람은 대인관계, 취업이나 승진, 소득 등의 많은 혜택을 얻는다는 연구 결과들이 그것을 입증하고 있어요. 특히 경쟁자가 많은 상황에서는 더욱 차별화된 나만의 매력을 어필해야 합니다. 콘텐츠에 관련된 전문 지식과 스킬을 가진 당신이 좋은 이미지라는 날개를 얻었을 때 원하는 목표에 더욱 가까워지게 도와줄 것입니다.

퍼스널브랜드의 가치를 더욱 높이고 싶다면 당신의 외모(Appearance), 행동(Behavior), 언어(Communication)라는 ABC 요소를 전략적으로 관리하고 활용해 보세요. 외모이미지는 헤어, 메이크업, 패션 등이 있고, 행동이미지는 자세, 바디랭귀지, 매너의 요소가 포함됩니다. 언어이미지는 목소리 톤, 억양, 발음 등이 있어요. 당신의 콘텐츠를 이 세 가지 단서로 보여줄 때 이미지는 완성됩니다.

먼저 외모이미지에 대한 이야기를 해볼게요. 첫 만남에서 상대에게 가장 먼저 보이는 것이 그 사람의 외모입니다. 외모는 상대에게 건네는 최초로 개인 정보라고 할 수 있어요. 심리학 연구에 의하면 사회적 편견이나 미디어 접촉이 많지 않은 12개월의 아이들조차 예쁘거나 잘생긴 사람과 놀기를 선호한다는 결과가 있습니다. 조금 씁쓸한 기분이 드시나요? 그렇다면 다른 실험을 이야기해 드릴 테니 힘을 내세요.

외모가 성공과 관련이 있을까요? 포춘지 500개 기업 중 얼굴이 잘 알려지지 않은 CEO 사진을 이용해서 사람들에게 성공한 리더가 누구인지 맞히는 실험을 했습니다. 대다수 사람이 기업에 수익을 가져다준 CEO를 정확하게 선택하는 놀라운 결과가 나타났어요. 전문가들은 그 원인을 회사에 이익을 가져다준 리더는 자연스럽게 리더십이 얼굴에 나타나기 때문에 사람들이 알 수 있다고 분석했습니다. 여기서 생각해 봐야 할 것은 질문인데요. 질문의 핵심은 잘생긴 사람을 선택하라는 것이 아닌 성공한 리더가 누구인지를 맞추는 것임을 잊지 마세요. 연애하고 싶은 사람과 비즈니스를 함께하고 싶은 사람의 외모는 다를 수 있습니다. 그렇기에 좋은 이미지란 무조건 잘생기거나 예쁜 모습만을 이야기하는 것이 아니라 대상과 목적, 상황에 맞아야 합니다.

혹시 여러분 중에서 뛰어난 외모를 가지고 있지 않아서 걱정하고 있는지요. 그런 측면에서만 제가 글을 쓰고 있다면 저의 글은 여러분에게 쓸모가 없겠죠. 사람은 본능적으로 아름다움에 끌리고, 진정한 아름다움의 본질은 일반적인 생각과는 다소 의미의 차이가 있습니다. '아름다움'은 아름다운 상태나 성질을 뜻해요. 여기에서 '아름'은 '알다', '안다'라고 해석할 수 있고, 이는 어떤 것에 대해 알고 있다고도 볼 수 있어요. 15세기 고전 문헌들에는 '아'가 '나'라는 뜻으로 사용되기도 합니다. '답다'는 '어떤 표준에 부합하다.', '어떤 것의 본성에 부합하다.'를 의미해요. 따라서 아름다움은 자기다움이라고 할 수 있어요. 사람들에게 어떤 인생을 살고 싶은지 물어보면 아름다운 인생을 살고 싶다고 합니다. 즉, 아름다운 인생을 산다는 것은 자기답게 살아간다는 것이에요. 퍼스널브랜딩은 인생을 진정한 자기다움으로 물들여 가는 과정이에요. 내가 나답게 살아가는 순간, 인생은 가장 아름다울 수 있습니다.

행동이미지는 신뢰 지수를 높일 수 있는 확실한 방법입니다. 어떤 사람의 말과 행동이 일치하지 않을 때, 대부분의 사람들은 말보다는 행동을 더욱 신뢰합니다. 말이 앞서는 사람보다는 상대를 존중하고 배려하는 마음을 행동으로 실천하는 사람에게 믿음이 간다는 것이죠. 필립 체스터필드(Philip Dormer Stanhope Chesterfield)는 "매너는 지식에 광채를 나게 하고, 처신에 원활함을 준다."라고 하였습니다. 상대를 배려하는 마음을 행동으로 표현할 수 있도록 진정성을 담아서 실천하세요.

호감 가는 스피치를 하는 사람은 상대방에게 신뢰도와 몰입감을 선사합니다. 좋은 목소리와 상황에 적합한 말의 내용이 균형을 이루도록 합니다. 상대방의 관심사, 지식수준, 기대 등을 미리 파악하고, 그들이 원하는 바와 자신이 원하는 것의 밸런스를 맞춰서 이야기하세요. 특히 설득을 위한 말이라면 서론, 본론, 결론으로 내용을 체계적으로 구조화하고, 주요 포인트를 강조하며 명확하게 전달합니다. 사람들은 무미건조한 이론보다는 감동이나 재미를 주는 스토리텔링을 선호하므로 관련 사례나 자신의 이야기를 사용하여 생동감 있는 목소리로 전달하세요. 이야기할 때는 표정, 제스처, 자세 등을 통해 표현력을 높여서 상대방과 쌍방향 소통이 이루어지도록 합니다.

매력적인 퍼스널브랜드는 자신의 콘텐츠와 적합한 외모, 행동, 스피치가 조화로울 때 완성됩니다. 예를 들어 새로운 직원이 출근했는데 프로페셔널한 외모를 가졌으나 매너가 좋지 않다면 동료들은 그 사람에게 좋은 인상을 받기 어려울 거예요. 반면 외모와 매너는 완벽하지만, 목소리가 너무 작고 고저가 없어 내용의 핵심을 잘 전달하지 못한다면 상대방에게 호감을 주지 못할 수 있어요. 당신의 브랜드를 멋지게 알리고 싶다면 콘텐츠와 어울리는 이미지메이킹 ABC 요소를 전략적으로 활용하세요. 그 시간들이 쌓여서 나라는 브랜드의 빛나는 아우라가 만들어질 것입니다.

PERSONAL BRANDING GUIDE

이미지 체크리스트

No	내 용	체크
1	나의 매력을 30초 안에 5가지 이상 쓸 수 있다.	
2	나에게 어울리는 이미지를 잘 알고 있다.	
3	나의 신체 사이즈를 정확히 알고 있다.	
4	시간과 장소, 상황에 어울리는 패션을 연출할 수 있다.	
5	내 체형을 보완하는 패션 스타일을 알고 있다.	
6	나는 옷을 계획하여 구매한다.	
7	내게 어울리는 헤어스타일을 잘 알고 있다.	
8	피부 관리를 위해 노력하고 있다.	
9	나를 돋보이게 하는 컬러를 확실히 알고 있다.	
10	나는 좋은 이미지를 위해 과감한 변신도 두렵지 않다.	
11	표정이 환하다는 이야기를 자주 듣는다.	
12	매너 있고 예의 바르다는 이야기를 자주 듣는다.	
13	나의 내면의 성향(성격 등)을 정확히 알고 있다.	
14	나는 미래의 목표를 위해 하루 한 시간 이상 투자한다.	
15	나는 항상 허리를 쭉 펴고 바른 자세를 유지한다.	
16	나는 유머 감각이 있다.	
17	나는 말할 때 적절한 제스처를 할 수 있다.	
18	나는 이야기 소재가 풍부해 어디에서나 적합한 대화를 한다.	
19	나는 말하는 것보다 상대의 말을 많이 듣는 편이다.	
20	나는 상대의 마음을 잘 파악하고 배려하려고 노력한다.	

이미지 체크리스트 결과

16개 이상
최상의 이미지
당신은 주변 사람들로부터 호감을 부르는 멋진 사람이다.
끊임없이 자신을 관리하고 상대를 배려하는 매력적인 사람이다.
사람들은 당신이 가는 곳마다 함께 시간을 보내고 싶어 할 것이다.

15~11개
보통의 이미지
대부분의 사람이 여기에 속한다.
비호감의 이미지는 아니지만 조금만 노력하면 더 좋은 이미지로 변화할 수 있다.
체크하지 못한 항목을 꾸준히 연습하면 더욱 멋진 아우라를 가진 사람으로 변화할 수 있다.

10개 이하
호감을 주지 못하는 이미지
당신은 안타깝게도 상대방에게 좋은 인상을 주지 못할 수 있다.
자신이 원하는 일이나 대인 관계에서 선택받지 못해 상처를 받기도 한다.
자신이 체크하지 못한 항목을 매일 꾸준히 실천하여 개선하려는 노력은 필수이다.
조금만 더 용기 내어 실천한다면 당신은 호감 가는 이미지를 가진 사람으로 거듭날 것이다.

3단계 세상에 나를 증명하고 알려라

당신의 콘텐츠를 구축했다면 세상에 당신의 존재를 알려야 해요. 자신의 브랜드에 대한 확신을 가지고 세상에 주장하고 증명하는 단계입니다. 그렇다면 사람들에게 나를 어떻게 알릴 수 있을까요? 대표적으로는 매스미디어, 소셜미디어, 네트워킹을 통해 나라는 브랜드를 알릴 수 있겠지요. 모든 방법을·사용하면 좋겠지만, 여러 제약이 있다면 아래의 글을 읽어보고 자신에게 가장 적합한 홍보 방법을 생각해 보세요.

[Mass Media] 공신력을 입증하라

매스미디어는 매스 커뮤니케이션 미디어(Mass communication media)의 축약된 단어로 TV, 라디오, 신문, 영화, 잡지, 옥외광고처럼 불특정 다수의 대중에게 정보를 전달하는 소통 수단을 말합니다. 매스미디어는 많은 사람에게 자신의 브랜드나 메시지를 알릴 수 있지만, 이제는 소셜미디어로도 가능한 일이 되었어요. 요즘은 빠른 속도와 넓은 확장성을 가진 소셜미디어 채널이 많지만, 아직까지 매스미디어의 신뢰도와 영향력은 깅력합니다. 당신이 영향력 있는 프로_l램에 출연하고 수요 언론에 기사가 나온다면 그 분야의 전문가로서 인식됩니다. 대중은 같은 분야의 다른 사람보다 더욱 실력 있고 영향력 있다는 믿음을 가지게 됩니다. 이 과정에서 당신을 지지하고 응원하는 팬덤이 형성되기도 해요.

박윤지 박사가 TV 건강 프로그램에 출연해서 건강 상식을 알려줍니다. 운전 중에 듣는 라디오에 그녀가 게스트로 나와서 청취자의 건강 상담을 해주네요. 즐겨 보는 예능 프로그램에 나온 그녀는 엉뚱하고 재미있는 매력을 보여줍니다. 직접 만난 적은 없지만 자연스럽게 신뢰감과 친근감이 생겨서, 그 병원에서 진료를 받아보고 싶어지네요. 이처럼 박윤지 박사는 미디어의 영향으로 활용하여 대중에게 인지도를 쌓아가게 됩니다. 여러분은 앞의 사례를 읽으며 연상되는 유명 인물들이 많았을 거예요.

어떤 분야에서 최고로 인정받는 장인이 유명해지기도 하지만, 단지 유명 프로그램에 출연했다는 것만으로도 사람들에게 그 분야의 최고 전문가로 인식되는 경우도 많아요. 매스미디어에 출연함으로써 명성, 신뢰성, 영향력이 높아지면 퍼스널브랜드가 빠르게 확산됩니다. 만약 당신이 미디어의 주목을 받고 인기 프로그램의 게스트나 전문 패널이 된다면, 자연스럽게 퍼스널브랜드 확산이 이루어집니다. 이처럼 매스미디어에 출연하면 전문적이거나 신뢰할 만한 인물로 인식되어 명성과 인지도를 높이고, 자신의 의견이나 메시지에 더욱 힘이 실리게 됩니다. 즉, 미디어 노출로 개인의 브랜드, 제품 또는 서비스를 홍보하고 새로운 기회를 창출할 수 있어요. 단, 일회성 화제로 끝나지 않도록 일관되고 지속적인 활동을 이어가도록 하세요. 매스미디어 노출의 단점은 많은 시간과 에너지가 요구되고, 개인의 의견이나 메시지가 의도와 다르게 대중에게 전달되어 오해를 일으킬 수도 있어요. 사소한 행동이나 발언으로 인해 개인의 평판이 손상되기도 합니다. 불특정 다수에게 부정적인 비판이나 악성 댓글, 허위 사실 등이 유포되는 경험 등의 일이 일어날 수 있습니다. 심각한 사생활 침해, 악성 팬에 의한 스토킹이나 범죄에 노출되기도 합니다. 그러므로 미디어 출연 결정에 신중한 판단과 함께 미디어 트레이닝을 통한 사전 준비가 필요합니다.

퍼스널브랜딩을 위해서 매스미디어의 활용 방법은 방송 출연, 언론 기고, 인터뷰 요청, 네트워킹 등이 있어요. 방송국이나 주요 언론사에서 먼저 연락이 오면 행운이지만 그렇지 않다면 몇 가지 방법을 알려드릴게요. 가장 먼저 자신의 전문 분야에 집중하고 관련된 자신의 업적, 경험, 역량 등을 알 수 있는 포트폴리오를 준비하세요. 방송사의 웹사이트나 소셜미디어를 통해 연락할 방법을 찾아보고, 관련 분야를 다루는 프로그램에 문의하세요. 방송사에서 진행하는 오디션에 참여하는 것도 좋은 방법입니다. 다양한 오디션 프로그램에 출연함으로써 수복받으면 원하는 미디어에 출연할 기회를 얻을 수 있어요. 미디어에서 진행하는 이벤트에 참여하고, 관련된 사람들이 있는 모임에 참석합니다. 인적 네트워킹을 활용하여 출연할 기회를 만들어보세요. 전문적인 칼럼이나 기사를 작성하여 신문과 잡지에 기고하는 것도 좋아요. 당신의 콘텐츠를 흥미로워할 만한 프로그램에 인터뷰를 요청하고 이야기를 공유해 보세요. 요즘은 소셜미디어에서 주목받는 인물이 되면, 매스미디어의 담당자가 섭외하는 경우가 많아지고 있어요. 그러므로 소셜미디어를 주목받도록 확장하는 것도 좋은 방법이에요. 이를 통해 방송사나 제작자들에게 자신의 존재를 알릴 수 있거든요.

매스미디어는 활용하고자 하는 사람들이 많기 때문에 이 과정은 매우 경쟁적입니다. 그렇기에 지속적으로 잊혀지지 않도록 꾸준히 도전하세요. 전문 분야를 개발하고 매스미디어를 활용하여 퍼스널브랜딩을 효과적으로 확산시키도록 합니다.

[Social Media] 제0의 인상을 관리하라

소셜미디어란 무엇인가? 이 질문이 무의미할 정도로 우리에게 익숙한 현실이 되었습니다. 그보다는 이와 관련한 A의 사례를 이야기해 드리려고 해요.

A는 학교를 졸업하고 보일러 회사에서 인턴 생활을 시작합니다. 그러

나 경직된 회사 문화에 적응하기가 어려웠고 정직원이 되지 못한 채 퇴사를 합니다. 다시 구직 활동을 해야 할지 고민했지만, 회사 생활은 하고 싶지 않았어요. 그러던 중에 훌쩍 여행을 떠났습니다. 가볍게 떠난 여행은 1년을 훌쩍 넘기고, 439일 동안 세계여행을 하며 유튜브에 영상을 올리기 시작했어요. 처음에는 사람들의 반응이나 수익이 없어서 그만할까도 고민했어요. 딱히 다른 할 일도 없었기에 그냥 해보자는 마음으로 꾸준히 영상을 올려봅니다. 어느 날 인도 여행을 하며 올린 영상이 누적 조회 수 760만 회, 구독자 1000명이 되는 기적 같은 일이 생깁니다. 이때 그가 처음 받은 유튜브 수익은 500만 원이었다고 해요. 그 이후 구독자가 늘어나고 점점 수익이 높아지기 시작했어요. 그는 이를 계기로 여행 유튜버가 되었어요. 이 이야기의 주인공 A는 여행 유튜버 빠니보틀입니다. 이제 그는 유튜브를 넘어 매스미디어에서 자주 얼굴을 볼 수 있는 퍼스널브랜드가 되었습니다.

이처럼 소셜미디어의 힘은 막강해졌습니다. 소셜미디어의 가장 큰 장점은 사용자들 간 빠른 소통이 가능하다는 것이죠. 지리적 제한을 뛰어넘어 세계 어디에서든 소통이 가능하기 때문에 국내뿐 아니라 다른 나라 사람들을 팬으로 만들 수 있어요. 다양한 정보와 새로운 문화에 개방적인 채널이므로 매스미디어에서 보여주기 어려운 자신만의 개성을 어필할 수도 있습니다. 또한, 대중이 검색하는 해시태그를 분석하여 필요한 내용을 공유함으로써 개인 브랜드의 신뢰도와 인지도를 높일 수 있어요. 댓글이나 DM 등을 활용해서 소통할 수 있기 때문에 사람들과 관계를 형성하기에 편리합니다. 전통적인 마케팅 방법보다 상대적으로 비용이 저렴하고 대상을 최적화하는 데 효율적이에요. 즉, 퍼스널브랜딩을 위한 소셜미디어 활용은 개인 브랜드를 알리고 대상을 확대하며 경쟁력을 높이는 데 매우 유용합니다. 또한, 누군가를 직접 만나서 알게되는 첫인상 이전에 형성되는 제0의 인상이라고 할 수 있어요.

대표적인 소셜미디어는 유튜브, 블로그, 페이스북, 인스타그램 등이 있습니다. 퍼스널브랜딩 목적과 대상에 따라서 적합한 채널을 선택해야 합니다. 모든 채널을 운영하면 좋겠지만, 담당하는 인력이나 유료 대행사가 있지 않는 한 혼자 운영하기에는 어려움이 많아요. 다음의 내용을 읽고 자신에게 가장 최적이라고 생각하는 채널을 선택해서 우선 6개월만 꾸준히 해보시길 바랍니다.

유튜브는 영상기반 플랫폼으로 다양한 국가와 언어의 시청자들에게 당신을 알릴 수 있습니다. 글로벌 대중을 상대로 영향력을 높이기에 가장 적합한 채널이에요. 다양한 주제와 형식의 콘텐츠를 허용하므로, 쇼츠, 스토리, 라이브 등 다른 기능과 연계하여 활용할 수 있어요. 쇼츠는 짧은 동영상 콘텐츠로 TikTok과 유사한 형식이에요. 쇼츠는 다양한 주제와 아이디어를 담은 짧은 동영상으로 많은 사람의 관심을 끌고 있어요. 이를 통해 사용자는 더 많은 시청자와 소통하고, 자신의 콘텐츠와 채널을 홍보할 수 있습니다. 파트너 프로그램, 스폰서십, 상품 판매 등 다양한 수익 모델을 활용할 수 있어요. 또한, 구독자들과 소통하고 커뮤니티를 형성하며 글로벌 팬덤을 확보할 수 있어요. 유튜브는 구글 소유의 플랫폼이기에 구글 포털 사이트에 노출된다는 장점이 있습니다. 채널 구독자가 많아지고 영향력이 높아지면 매스미디어에 역진입하는 사례도 많아요. 영상 기반이므로 개성 있는 외모와 스타일, 스피치를 보여줄 수 있는 당신이라면 개인 브랜드 PR에 적합한 채널이에요. 하지만 초창기와는 다르게 영향력 있는 유명인, 경영인, 정치인 등이 크리에이터로 활동하고 있어서 경쟁은 더욱 심화되었습니다. 그렇기에 평범한 콘텐츠를 제작하면 사람들의 관심을 끌기가 쉽지는 않아요. 또한, 다른 채널과 비교하여 콘텐츠 제작 및 편집, 홍보 등 작업에 많은 시간과 노력이 필요합니다.

국내 시장을 목표로 한다면 블로그가 가장 좋은 채널입니다. 대표적인 네이버 블로그는 우리나라 1위 검색엔진 네이버 포털 사이트에 노출된다는 장점이 있어요. 득히 콘텐츠 관련 지식과 경험을 공유함으로써 전문가로 개인 브랜딩에 유리합니다. 다른 블로거와 이웃, 댓글, 공감 등의 기능을 통해 더욱 친근한 소통이 가능한 커뮤니티를 만들 수 있어요. 사용자 친화적인 인터페이스를 제공하므로 채널 개설, 게시물 작성, 디자인 등이 쉽고, 사진과 영상 등을 편리하게 업로드할 수 있습니다. 블로그를 통해 광고 수익, 제휴 마케팅, 제품 판매 등 다양한 수익 창출을 할 수 있어요. 제품을 판매하고자 한다면 네이버 스마트스토어, 네이버 플레이스, 네이버 페이 서비스와 연동하여 사용가능하므로 편리해요. 단, 블로그는 국내 사용자 중심이기 때문에 해외 사용자들에게 노출되는 범위가 제한적일 수 있어요. 정리하자면, 국내 검색엔진의 노출은 유리하나, 구글 등의 해외 검색엔진 노출은 상대적으로 어렵고, 템플릿 기반의 디자인을 사용하기 때문에 커스터마이징한 디자인은 제한적입니다. 작성한 글의 노출을 높이기 위해서는 다소 긴 글과 여러 장의 이미지를 넣어야 하므로 작성하는 시간과 노력이 다소 소요됩니다.

페이스북은 글로벌 인맥을 형성하기에 효과적인 채널입니다. 콘텐츠를 사진, 동영상, 링크, 텍스트 등을 활용하여 다양한 형태로 공유할 수 있는 플랫폼이에요. 유익한 정보와 함께 개인적인 이야기를 전달하여 팔로워들과 조금 더 친밀한 관계를 만들 수 있습니다. 관심 있는 유명인이나 롤모델의 페이스북을 찾아보고 좋아요와 댓글을 적고, 메시지를 보내며 친분을 쌓을 수도 있어요. 이렇게 실시간 댓글이나 메시지를 활용해보세요. 상세한 분석 도구를 제공하므로, 인기도, 도달 범위, 상호작용 등을 파악할 수 있어요. 홍보를 하고 싶다면 원하는 특정 대상과 지역을 정하고 상대적으로 저렴한 비용으로 진행할 수 있기에 효과적입니다. 다만, 페이스북 알고리즘은 자주 변경되므로 이에 대응하기 위한 지속적인 관심이 필요해요.

인스타그램은 시각적인 콘텐츠를 공유하기에 적합한 플랫폼입니다. 특히 비주얼 커뮤니케이션이 중요한 뷰티, 패션, 음식, 여행 등의 분야라면 이 채널을 추천합니다. 스토리와 IGTV, 라이브, 스레드 등을 제공하여 다양한 형태의 콘텐츠를 공유할 수 있어요. 이곳에서는 한 장의 사진만으로도 셀럽이 되기도 합니다. 그만큼 경쟁이 치열하기에 사람들의 관심을 끌기 위해서는 높은 퀄리티의 사진이나 영상 그리고 직관적이고 창의적인 전략이 필요합니다. 인스타그램은 좋아요와 댓글, 공유 등 참여도가 중요한 플랫폼이므로 흥미로운 영상과 사진을 피드하고 다양한 이벤트를 진행하도록 하세요. 페이스북 광고 플랫폼과 연동해서 메타 광고 진행이 가능합니다. 메타 광고를 통해서 특정 관심사나 원하는 지역을 타기팅하여 광고 효과를 극대화할 수 있습니다. 또한, 인스타그램은 인플루언서 마케팅에 최적화된 플랫폼으로 알려져 있어요. 인플루언서와 협업을 통해 브랜드 인지도를 높이고 확산하는 데 도움이 됩니다.

어떤 소셜미디어 채널을 선택하더라도 꾸준한 업데이트와 지속적인 관리가 필요합니다. 원하는 대상의 관심을 끌고, 팬덤을 확보하기 위해서는 관련된 새로운 콘텐츠를 주기적으로 피드하세요. 퍼스널브랜드의 확산을 위해서 사람들과 온라인 채널을 통해 관계를 확장하고 유지하면서 충성 고객을 만들기 바랍니다.

[Networking] 열렬한 팬덤을 만들어라

기업에 고객이 없다면 어떨까요? 스타에게 팬이 존재하지 않는다면 어떨까요? 기업은 생존할 수 없고, 스타는 그 명성을 잃게 됩니다. 특히 개인 브랜드인 스타가 계속 활동할 수 있는 가장 강력한 이유는 팬덤이에요. 전 세계 팬덤 시장은 120조 원, 국내시장은 8조 원으로 추산될 정도로 규모가 큽니다. 그렇다면 당신은 팬덤이 있나요? 연예인이 아닌 당신도 팬을 가질 수 있습니다. 개인 브랜드의 성공을 위해서 가장 확실한 방법은 강력한 팬덤을 가지는 것입니다.

삼성경제연구소 〈SERICEO〉가 조사한 결과 최고경영자가 되는 과정에서 가장 중요하게 작용한 능력으로 대인지능을 꼽았습니다. 앞에서 살펴본 매스미디어와 소셜미디어로 팬덤이 형성되면, 꾸준한 네트워킹을 통해서 활성화합니다. 유명 연예인들도 팬을 위한 이벤트나 사인회 등을 열며 끊임없이 네트워킹하고 있어요. 이 책에서는 광범위한 의미를 가진 네트워킹을 오프라인 만남으로 정의하고자 합니다. 네트워킹을 통해 사람들과 관계를 형성하고, 이를 통해 새로운 비즈니스 기회를 찾는 방법을 알아보도록 하겠습니다.

세계 최대 컨설팅 기업 PWC의 네트워킹 전문가 존 팀펄리(John Timperley)는 "이제는 무엇을 아느냐(Know What)가 아니라, 누구를 아느냐(Know Who)가 더욱 중요한 시대."라고 했습니다. 더불어 어떤 사람을 아느냐가 중요하겠죠. 네트워킹은 자신을 좋아하는 팬덤과 좋은 관계를 이어가는 것을 의미하기도 하지만 다음과 같은 상황에도 필요합니다. 퍼스널브랜딩 과정에서 현재의 인적 네트워크를 사회자본이라고 칭하고, 이 사회자본을 지도로 그려보는 작업을 해보세요. 막연히 자신의 인적 네트워크를 생각하고 있었다면 생각보다 훨씬 많은 사람과 연결되어 있다는 것을 알게 될 거예요. 사회자본을 다른 말로 인맥이라고 표현할 수 있어요. 사람과 사람 간의 인연을 만든다는 것은 단순히 이익 추구를 넘어서 인생을 함께할 정신적 멘토나 동반자를 만나는 것도 포함됩니다. 이러한 사회자본의 핵심은 상호 간에 신뢰와 믿음 등을 함께 나누는 것이에요. 긍정적인 상호작용을 통해서 원하는 목표를 이루는 시간과 에너지를 단축시킬 수 있습니다. 유명인과 친한 것만으로 당신을 신뢰하고 친해지려고 하는 사람들이 생기며 네트워크가 너욱 확상뇌기노 합니다.

퍼스널브랜딩을 위한 네트워킹 방법을 몇 가지를 알려드릴게요. 당신의 콘텐츠와 관련된 전문적인 모임이나 관심을 있을 만한 사람들의 커뮤니티에 참석해 보세요. 직접 네트워킹 이벤트를 만들어보는 것도 좋습니다. 긍정적인 브랜딩을 할 수 있도록 미리 개인 브랜딩 자료를 준비하시기 바랍니다. 예를 들면 상대방에게 자신을 알릴 수 있는 명함, 멀티 링크, 포트폴리오 등의 자료를 준비하여 적합한 상황에서 알리도록 하세요. 요즘은 소셜미디어를 통해 서로를 알아가는 경우가 많으니, 참석 전 자신의 인스타그램, 페이스북 등을 브랜드 콘셉트에 맞게 관리해 놓는 것이 필수입니다. 가장 중요한 것은 사람들과 진정성 있는 소통을 하고 적극적으로 참여하며, 관계를 지속적으로 유지하는 것이에요. 이러한 네트워킹을 통해서 기회를 창출하세요. 사회적 자본을 넓히고, 새로운 아이디어와 지식을 나누고 영향력을 확장하기 바랍니다.

PERSONAL BRANDING GUIDE

1. 당신이 홍보할 상품 및 서비스는 무엇인가요?

2. 사람들이 당신의 상품 및 서비스를 사고 싶어 한다면 이유는 무엇인가요?

3. 상품 및 서비스를 판매하기 전에 무료로 제공할 수 있는 것은 무엇인가요?

4. 당신의 콘텐츠를 알릴 수 있는 가장 효과적인 채널은 무엇인가요?

5. 그 채널을 이용하기 위해서 지금 해야 하는 것은 무엇인가요?

6. 그 채널을 이용하기 위한 비용은 얼마인가요?

7. 당신이 이미 알고 있고 접촉 가능한 홍보 파트너는 누구인가요?

8. 그들에게 내가 도움을 받고 싶은 것은 무엇인가요?

9. 그들에게 내가 제공할 수 있는 가치는 무엇인가요?

10. 제휴 마케팅을 위해서 지금 당장 내가 해야 할 일은 무엇인가요?

4단계 지속적인 관리를 통해 강력한 브랜드를 완성하라

퍼스널브랜드의 영향력이 커질수록 크고 작은 이슈가 필연적으로 발생합니다. 세상에 영향력이 커지는 만큼 감당해야 할 다양한 문제가 발행할 수 있습니다. 영향력이 큰 연예인, 스포츠 선수, 정치인들 중에서도 좋지 못한 사건에 연루되어 평판이 하락하고, 이 일로 인해 활동을 중단하거나 업계에서 사라지는 일이 흔히 일어나는 것을 볼 수 있어요. 그러므로 강력한 브랜드를 지속하기 위해서는 위기를 극복할 수 있는 힘을 길러야 합니다. 위기는 누구에게나 찾아올 수 있지만, 누구나 이겨낼 수 있는 것은 아닙니다. 당신 브랜드의 인지도가 크게 확장될수록 위기와 불만을 제대로 관리해야만 오래도록 사랑받을 수 있습니다. 위기를 이겨내는 경험은 브랜드를 더욱 단단하고 성숙하게 만들어줄 거예요.

브랜드는 고객과의 끊임없는 피드백을 통해 수정과 보완을 거치며 성장합니다. 퍼스널브랜드 관리는 상호 피드백을 통해 이루어집니다. 그렇다면 피드백은 무엇일까요? 피드백이란 1920년대에 전기공학 분야에서 사용된 단어로, 어떤 시스템에서 입력값이 출력값에 영향을 미치는 과정을 의미해요. 개인 브랜드가 세상에 입력값을 넣었을 때, 어떤 출력값에 영향을 주는지 알아보는 과정이라고 할 수 있죠. 얼마 전 연애 프로그램을 시청하다가 여자 출연자가 남자 출연자에게 '영호 님은 입력값을 넣으면 출력값이 정확하게 나오나요?'라고 물어봐서 저도 모르게 웃은 적이 있어요.

이번 장은 지속적인 피드백을 통해서 브랜드를 관리하는 방법을 알아보도록 할게요. 이러한 퍼스널브랜드 관리 단계는 위기 관리, 불만 관리, 네트워킹이 있습니다.

[Crisis] 강력한 브랜드는 위기에 강하다

퍼스널브랜딩을 위한 탐색과 구축 그리고 확산의 3단계를 거치면서 당신의 브랜드는 완성되었어요. 개인의 영향력이 확장될수록 주위 사람들의 관심을 받으며 성장하는 장점이 많지만, 원치 않는 상황에 노출될 확률도 높아집니다. 당신이 위기 상황에서 어떻게 대응하느냐에 따라서 브랜드 이미지에 큰 영향을 줍니다. 대중의 신뢰를 얻고 브랜드 가치를 유지하기 위해서는 위기에 강한 브랜드가 되도록 노력해야 해요. 이러한 상황을 부정적으로만 볼 것이 아니라, 현명하게 해결함으로써 사람들에게 더욱 높은 신뢰와 관심, 지속적인 지지를 얻을 수 있습니다. 가장 좋은 방법은 위기를 예측하여 예방하는 것이에요. 그러기 위해서 지속적인 피드백을 통해서 브랜드를 모니터링하세요. 이러한 관심은 위기를 빠르게 파악하고, 조기에 대응하여 확산을 방지할 수 있게 도와줍니다. 더 큰 피해를 예방하고, 상황을 통제할 수 있어요.

특히 셀럽의 위치에 있는 연예인들은 개인적 이슈로 위기를 맞이하는 경우가 많아요. 셀럽은 개인이자 브랜드입니다. 퍼스널브랜드의 위기 상황은 미투, 학교 폭력, 논문 표절, 학력 위조, 과잉 경호, 태도 논란 등 다양한 사례들이 있습니다. 이러한 위기를 어떻게 극복하느냐에 따라서 브랜드 운명은 달라집니다. 조직이 아닌 개인의 경우 자신에게 익숙하고, 컨트롤할 수 있는 채널을 선택해서 해명 글이나 영상을 올리는 사례가 많습니다. 예를 들면, 개인 유튜브 채널에 사과 영상을 올리거나 SNS에 자필 사과 편지를 올리는 방식이에요. 매스미디어를 활용하여 공식적인 입장과 사과를 전하기도 합니다. 퍼스널브랜드의 영향력에 따라 채널 선택과 방식은 달라져요. 글로벌 브랜드인 경우는 매스미디어를 포함하여 다양한 채널을 활용합니다.

만약 당신에게 위기 상황이 생긴다면 객관적으로 상황을 분석하고, 가능한 정보를 투명하게 공개하여 제공하도록 하세요. 이를 통해 대중은 궁금증을 해소하고 당신의 다음 행보를 기대하게 됩니다. 위기 대응의 핵심은 신속하고 적절한 대응, 투명한 정보 공개, 대중의 이해와 공감, 그리고 법적인 책임 등을 다하는 것입니다. 상황에 따라서는 정보를 투명하게 공개하는 것보다 다른 방법이 필요하기도 해요. 이럴 때는 위기 대처 전문가나 변호사와 상담하여 최적의 방법으로 신속하게 해결해야 합니다. 위기 상황을 극복해 나가는 과정에서 새로운 깨달음을 얻고 더욱 성장하는 기회가 될 수 있어요.

[Complain] 고객의 불만은 필연적이다

모든 고객에게 100% 만족을 주는 브랜드는 없습니다. 고객의 불만은 필연적으로 발생하기 마련이고, 그 불만을 어떻게 관리하고 해결하느냐에 따라서 브랜드의 생명력이 달라집니다. 불만 관리는 고객들의 불만 사항을 효과적으로 처리하고, 이를 통해 고객 만족도를 높이는 것을 목표로 하고 있어요. 대중은 브랜드 광고보다 그 제품이나 서비스를 이용한 경험이 있는 사람들을 더욱 신뢰합니다. 연구에 의하면 소비자의 55%는 회사에 문제가 있을 때 소셜미디어에 불만을 제기한다고 해요. 깨진 유리창의 법칙처럼 불만 고객 1명이 다른 사람들에게 영향을 미치는 것은 당연합니다.

「하버드 비즈니스 리뷰」에 의하면 기업에 대한 불만을 제기하거나 부정적인 댓글을 적은 사람이 만족스러운 답변을 받게 되면, 전혀 불만을 제기하지 않은 사람보다 더 충성스러운 고객이 된다고 해요. 여기서는 기업보다는 개인의 브랜드에 대한 불만과 해결 방안을 다루도록 할게요. 불만이 발생했을 때는 어떻게 해야 할까요? 대부분 고객은 초기 불만이 야기된 상황보다 당신이 어떻게 불만을 처리하는지에 더 관심이 있습니다. 당신의 이미지를 실추시키려는 악의적인 의도보다는 만족스러운 해결을 원하고 있어요. 그렇기 때문에 불만을 원만히 해결한다면, 부정을 긍정으로 변화시킬 수 있습니다.

그러나 불만 고객 응대는 쉬운 일이 아닙니다. 기업에서 불만 고객을 오랫동안 응대한 전문가들조차 다양한 고객의 요구에 어려움을 호소하곤 해요. 이러한 상황에 신속하게 대비하기 위해서, 사전에 고객 불만 프로세스 8단계를 기억하도록 하세요. 불만 처리 프로세스는 경청, 감사와 공감 표시, 사과, 해결 약속, 정보 파악, 신속 처리, 처리 확인과 사과, 피드백의 8단계로 이루어져 있어요. 불만 고객을 응대할 때는 가장 먼저 선입견을 버리고 상대방의 이야기를 끝까지 듣는 것이 가장 중요합니다. 두 번째, 상대방에게 일부러 시간을 내어 문제를 알려주고 해결의 기회를 준 것에 감사를 표시하세요. 그리고 고객의 말에 함께 공감합니다. 세 번째, 진심이 느껴지는 사과를 합니다. 상대방의 이야기를 듣고 문제점에 대해 인정하며 잘못된 부분은 마음을 담아 사과합니다. 네 번째, 불만이 발생한 상황에 대해 관심과 공감을 보이며, 문제의 빠른 해결을 약속하세요. 다섯 번째, 정보를 파악합니다. 문제 해결을 위해 꼭 필요한 질문을 하여 유의미한 정보를 얻으세요. 최선의 해결 방법을 찾기 어려우면 고객이 원하는 해결 방법을 질문하는 것도 좋습니다. 여섯 번째, 불만의 원인을 신속하게 시정합니다. 일곱 번째, 불만 처리 후 고객에게 처리 결과에 대한 만족 여부를 확인하고 재차 사과를 합니다. 마지막으로는 동일한 불만 사례가 발생하지 않도록 내부에 공유해야 합니다.

아이콘이 된 개인 브랜드라면 별도의 고객서비스 팀을 구성하여 불만 사항을 전문적으로 처리하고, 정기적인 고객의 피드백을 수집합니다. 사전에 불만 사항을 파악하여 예방하고, 만족도를 높이도록 하세요. 이를 통해 고객들의 높은 신뢰를 얻을 수 있습니다. 누군가의 불만은 차별화된 가치를 제공하는 성공 기회가 될 수 있음을 기억하세요.

[Networking] 자발적 팬덤을 성장시키고 관리한다

퍼스널브랜드 관리에서 네트워킹은 브랜드의 지속 가능성을 높여주는 중요한 요소입니다. 앞서 '[Networking] 열렬한 팬덤을 만들어라'에서 말한 바처럼 팬덤을 관리하고 유지하며 확장하는 것은 브랜드 영향력과 비례합니다.

이 단계에서는 열렬한 팬덤이 있기 때문에 자체적인 커뮤니티를 효과적으로 운영하고 시스템을 구축해 나가도록 합니다. 스타의 팬클럽이 별도의 이름이 있듯이 비슷한 맥락으로 관리하는 것도 좋은 방법이에요. 이들에게 당신의 활동과 일정을 알리고 적극적인 응원을 요청하세요. 또한, 그들이 이탈하지 않도록 원하는 니즈를 충족시킬 수 있는 다양한 이벤트와 소통의 기회를 정기적으로 만드세요.

팬덤을 관리하고 유지하는 것뿐만 아니라 영향력을 계속 확장하도록 합니다. 당신의 콘텐츠에 관심이 있는 모임이나 이벤트에 참석하여 브랜드를 알립니다. 새로운 사람을 소개받고 소개하며 사회적 자본을 확장해 나가도록 합니다. 만남이나 전화, 메시지, 이메일을 통해서 신뢰감 있는 관계를 유지하고 발전시킵니다. 또한, 소셜미디어를 통해 자신의 소식을 공유하고, 온라인으로 더 많은 사람과 소통합니다. 이러한 네트워킹은 사회적 연결을 통해 더 많은 기회를 창출하는 것이 목적입니다. 더불어 새로운 아이디어를 교환하며 비즈니스 영역을 확장할 수 있습니다.

PERSONAL BRANDING GUIDE

1. 당신이 경험한 가장 큰 위기는 무엇이었나요?

2. 당신은 그 위기를 어떻게 해결하였나요?

3. 당신으로 인한 불만이 발생한다면 어떤 이유일까요?

4. 당신을 지지하던 팬덤에 불만이 생겼을 때 어떻게 해결할 수 있을까요?

5. 당신이 하지 않은 일로 사람들에게 오해받고 있다면 어떻게 해결할 것인가요?

6. 당신의 팬덤이 당신에게 진정 원하는 것은 무엇인가요?

7. 당신을 지지하는 팬덤을 위해서 어떤 혜택이나 이벤트를 할 수 있을까요?

8. 당신이 극심한 스트레스를 겪고 있다면 어떻게 해결할 수 있을까요?

9. 유명인 중에서 위기나 불만사례를 긍정적으로 해결한 사례는 무엇인가요?

10. 위의 해결한 사례를 통해서 배울 점은 무엇인가요?

Chapter 2

퍼스널브랜딩을 완성하어
자주독립하라

무자본 CEO 강사, 당신도 할 수 있다

요즘은 누구나 자신이 전하고자 하는 콘텐츠가 있다면 대중 앞에 설 기회가 많아졌습니다. 과거 전문가가 주로 강의하던 시대를 지나서, 이제는 누구나 자신의 경험과 지식만 있다면 강의할 수 있는 4.0시 대입니다. 또한, 퍼스널브랜딩을 하다 보면 강의를 직업으로 하는 전문 강사가 아니더라도, 자신의 제품이나 서비스를 다수의 앞에서 이야기할 기회가 생길 거예요. 다니엘 핑크의 "파는 것이 인간이다."라는 말처럼 내 콘텐츠를 원하는 방향으로 정확히 상대에게 전달해야만 더욱 높은 가치로 판매할 수 있잖아요. 인생을 살다 보면 어느 순간 자기 생각을 논리적으로 전달해야할 순간이 찾아옵니다. 더불어 어떤 분야를 마스터하고 싶다면 다른 사람을 가르치는 것이 가장 효과적인 방법이에요. 강의를 준비하는 과정이 여러분의 삶에 도움이 될 거예요. 강사라는 직업은 무자본 창업이 가능한 지식 근로자이자 1인 지식 기업가라고 할 수 있습니다. 오프라인 강의뿐 아니라, 장소와 시간에 제약 없이 온라인 강의가 가능해요. 전문 강사로 활동해도 되고 N잡러의 개념으로 시작해도 됩니다. 이번 장을 통해서 여러분의 콘텐츠 가치를 높일 수 있도록 성공의 노하우를 남김없이 흡수하세요.

1. 슈퍼 강사가 들려주는
강사에 대한 모든 것

평범한 내가 강의할 수 있을까?

제가 강의를 한다고요? 작은 모임에서 자기소개만 해도 떨려서 집에 가고 싶은 제가 가능할까요? 결론부터 말씀드리자면 당신은 강의할 수 있어요. 그러니 우선 걱정을 내려놓고 읽어보시기 바랍니다.

심리검사에서 내향형으로 판명된 저도 강의를 18년째 하고 있어요. 다들 이 이야기를 하면 어떻게 강의를 시작했냐고 물어보는데요. 그 이야기를 여기에 모두 적으면 지루할 수 있으니 간단히 말하자면 제 인생의 동기부여는 자기 발견이에요. 순수한 호기심과 취미로 시작했는데

이제는 저의 업이 되었습니다. 처음 강의 의뢰를 받았을 때 '내게 왜 강의 의뢰를 했을까?'라는 의문과 '내가 강의를 잘할 수 있을까?'라는 갈등이 교차했어요. 그럼에도 예스를 답한 이유는 '과연 내가 처음 보는 사람들 앞에서 강의할 수 있을까?' 하는 나에 대한 궁금증이었습니다. 스스로에게 던진 '지양아, 너 많은 사람 앞에서 강의할 수 있겠어? 창피할 수도 있는데 이겨낼 수 있어?'라는 질문이 시작점이었어요. 여러분은 자신이 궁금하지 않나요? 물론 이미 강의 경험이 있는 분도 이 책을 보실 테니 처음 시작은 어땠는지 궁금하네요.

요즘은 회사원, 주부, 학생 등 누구나 자신이 전하고자 하는 콘텐츠가 있다면 대중 앞에 설 기회가 많아졌어요. 직장인의 경우 신입 직원에서 중간관리자가 되어 직급이 올라갈수록 회사에서 브리핑이나 프레젠테이션 등을 해야 하는 상황이 생기잖아요. 퍼스널브랜딩을 하다 보면 강의를 직업으로 하는 전문 강사가 아니더라도 자신이 주장하고자 하는 바를 논리적으로 말해야 할 때가 생기고요. 어떤 일을 할 때 잘하고 싶은 게 사람의 마음이겠지요. 그런 기회가 왔을 때 당황하지 않게 도움을 드리면 좋겠다는 생각으로 여러분께 알려드립니다.

강사라는 직업은 무자본 창업이 가능한 지식 근로자이자 1인 지식 기업가라고 할 수 있어요. 전국을 다니며 청중과 직접 대면하는 오프라인 강의뿐 아니라, 노트북이 있고 인터넷만 된다면 장소와 시간에 제약 없이 온라인 강의를 할 수 있는 시대입니다. 전업주부라면 아이를 학교에 보내고, 직장인이라면 주말이나 퇴근 후 집에서도 강의할 수 있어요.

실제 제가 만난 직장인 민정 님은 소소한 N잡으로 시작한 온라인 강의가 좋은 반응을 얻어서 지금은 월급보다 더 많은 수익을 내고 있습니다. 직장인이자 주부이기 때문에 주말 저녁 시간에 강의를 통해 사람들에게 자신의 경험과 노하우를 나눠주고 있어요. 이러한 노력들이 쌓이다 보니 입소문을 타고 한두 명씩 수강생이 늘어나고 커뮤니티 규모도 커지게 되었습니다. 개인의 영향력이 확장되면서 이를 주목한 출판사로부터 연락을 받아 책 출간까지 이어졌어요. 이제는 서점에서 자신의 이름이 적힌 도서를 만나는 설렘과 감동을 누리고 있습니다. 처음엔 약간의 부수입을 만들기 위해 시작한 강의가 커뮤니티 형성과 책 출간까지 연계되고 팬덤을 형성하면서 기대 이상의 수익과 영향력을 만들게 된 것이죠. 이러한 과정이 선순환 된 퍼스널브랜딩이라고 할 수 있습니다.

유나 님은 육아를 위해서 7년 동안 다니던 직장을 그만두고 10년간 전업주부로 생활했어요. 아이들이 성장하면서 일을 하고 싶은 마음이 커져갔다고 해요. 예전에 했던 일을 하기에는 오랫동안 일을 하지 않았기 때문에 쉽지 않았어요. 그래서 열심히 알아보다가 공공기관에서 경력

단절 여성을 대상으로 하는 방과 후 교사 양성 과정을 듣게 됩니다. 이 과정을 수료하고 현재는 학교에서 진로 강의를 하고 있어요. 그녀는 전업주부의 일도 소중하지만, 활기차게 자신의 일을 하는 친구들을 볼 때마다 왠지 자존감과 자신감이 저하되었다고 해요. 지금은 다양한 사람과 만나 소통하고 강의로 인한 수익까지 생기니 기분이 좋고, 가족들은 그녀의 행복을 응원하고 자랑스러워 한다고 해요.

그렇다고 해도 강의를 해봐야 하는 이유가 있을까요? 과거 전문가와 고학력자가 주로 강의하던 1.0시대와 2.0시대를 지나서, 이제는 누구나 자신의 경험과 지식만 있다면 강의할 수 있는 4.0시대입니다. 또한, 어떤 분야를 마스터하고 싶다면 다른 사람을 가르치는 것이 가장 효과적인 방법이에요. 미국행동과학연구소(National Training Laboratories)는 외부정보가 우리의 두뇌에 24시간 후에 기억되는 비율을 연구하여 〈학습 효율성 피라미드(Learning Pyramid)〉를 발표하였습니다. 그 결과 수업을 듣는 것은 5%, 읽기는 10%, 듣고 보기는 20%의 기억이 남지만, 학습 효율성이 가장 높은 것은 다른 사람을 가르칠 때였어요. 이미 내가 알고 있다고 생각했지만, 타인에게 알려주기 위해 준비하고 가르치는 과정에서 자신의 실력을 더욱 향상할 수 있습니다.

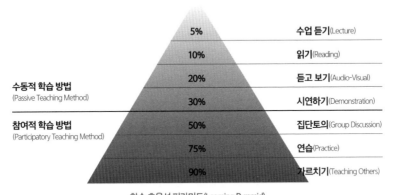

평균 기억률
(Average Retention Rates)

5%	**수업 듣기**(Lecture)
10%	**읽기**(Reading)
20%	**듣고 보기**(Audio-Visual)
30%	**시연하기**(Demonstration)
50%	**집단토의**(Group Discussion)
75%	**연습**(Practice)
90%	**가르치기**(Teaching Others)

수동적 학습 방법
(Passive Teaching Method)

참여적 학습 방법
(Participatory Teaching Method)

학습 효율성 피라미드(Learning Pyramid)
출처: 미국행동과학연구소(NTL : the National Training Laboratories)

전문 강사가 아니더라도 강의를 하면서 실현할 수 있는 가치는 생각보다 큽니다. 강의를 준비할 때 그 주제에 대해서 가장 많이 배우는 사람은 알려주는 사람이거든요. 자신의 성장에 관심이 많은 분이라면 이부분이 끌리실 듯해요. 내가 이미 알고 있다고 생각했지만, 막상 다른 사람 앞에서 말하려고 하면 자기 생각보다 많이 알지 못한다는 것을 느끼게 됩니다. 또한, 상대방을 존중하고 배려하는 말과 행동이 자연스럽게 습관화되는 장점이 있어요. 친구에게 이야기할 때와 처음 보는 대중 앞에서 이야기하는 상황에서는 말과 행동이 더욱 조심스러워지잖아요. 또한, 다양한 청중을 만나다 보면 그들에게서 배움을 얻거나 새로운 인맥이 만들어지기도 합니다. 저의 경우 강의에서 교육생으로 만나, 지금은 친한 친구로 지내는 사람들이 많습니다. 내가 강의를 하지 않았다면 만나지 못했을 다양한 사람을 알아가는 즐거움이 이 세계에는 있어요.

요즘은 직접 자신의 커뮤니티를 개설하고 온라인 강의와 모임을 운영하기에 편리한 시대가 되었어요. 유명인처럼 화려한 이력이 아니더라도 일상의 평범한 주제를 자신의 경험으로 이야기하면서 사람들과 소통하고 경제적 자유를 누릴 수 있습니다.

잦은 이동이 있는 오프라인 강의를 할 시간적 여유가 없다면, 앞서 말한 온라인 강의로 전 세계 어디서든 강의가 가능해요. 온라인 강의는 ZOOM, WebEX와 같은 온라인 프로그램을 사용하게 되고, 저렴한 구독료로 이용할 수 있습니다. 실시간으로 청중을 만나기 쑥스럽다면 강의를 녹화하여 영상으로 판매하면 됩니다. 물론 오프라인, 온라인, 강의 영상 판매를 모두 하면 더 좋겠지요. 코로나19 사태로 인해 온라인 강의나 강의 영상 판매가 더욱 활성화되었으니까요.

강의하는 방법은 다양해졌으므로 여러분에게 적합한 방식을 선택하면 되어요. 다만, 지금 이 책을 읽고 바로 행동하느냐 안 하느냐의 문제일 뿐이겠죠. 책을 읽으면서 시도해도 되고 완독 후 순서대로 따라 해도 됩니다. 누구나 생각은 할 수 있지만, 결과는 행동했을 때 만들어지니까요. 어느 묘비명에 적힌 문장 '우물쭈물하다가 내 이럴 줄 알았지.'의 주인공이 당신은 아니기를 바랍니다.

발표 불안 체크리스트

아니다 0점, 가끔 그렇다 1점, 대체로 그렇다 2점, 항상 그렇다 3점

No	내용	0	1	2	3
1	발표를 해야만 하는 상황을 피한 적이 있다.				
2	발표할 때 내용을 잊어버릴까봐 걱정한 적이 있다.				
3	발표 며칠 전부터 스트레스를 받은 적이 있다.				
4	발표할 때 호흡곤란이나 목소리가 떨린 적이 있다.				
5	나보다 유능한 사람들 앞에서 발표할 때 불안한 적이 있다.				
6	내 발표를 다른 사람들이 비웃을 것이라 생각한 적이 있다.				
7	발표의 결과에 대해서 두려운 적이 있다.				
8	발표를 잘 못할 것이라고 생각한 적이 있다.				
9	발표할 때 사람들이 나를 싫어할 것이라고 생각한 적이 있다.				
10	청중의 인원이 너무 많거나 적어서 영향을 받은 적이 있다.				
11	발표할 때 집중하기가 어려운 적이 있다.				
12	발표할 때 얼굴이 붉어지거나 표정이 굳어진 적이 있다.				
13	낯선 사람들 앞에서 발표할 때 불안한 적이 있다.				
14	가끔 내가 말하는 내용을 청중이 잘 알지 못한다고 생각한다.				
15	나에게 청중이 싫어할 요소가 있다고 생각한 적이 있다.				
16	발표할 때 당황한 적이 있다.				
17	발표할 때 논리적으로 말하지 못한 적이 있다.				
18	익숙한 사람들 앞에서 말할 때도 긴장한 적이 있다.				
19	발표에 대해 청중이 단점을 말하거나 공격한 적이 있다.				
20	발표할 때 심장이 떨리거나 손이 떨린 적이 있다.				
21	발표를 잘해도 청중은 잘못된 점을 발견할 것이라고 생각한다.				
22	발표를 시작한 후에도 도망가고 싶다고 느낀 적이 있다.				
23	발표 중에 긴장감으로 인하여 준비한 내용을 짧게 줄인 적이 있다.				
24	청중이 나의 견해를 받아들이지 않을 것이라고 생각한 적이 있다.				
25	발표하면서 창피함을 느끼거나 자존심이 상한 적이 있다.				

발표 불안 자가 진단 결과

40점 이상
발표 불안이 매우 심한 상태
전문가의 도움이 절실히 필요하다.

30~39점
발표 불안이 심한 상태
혼자의 노력으로 극복이 어려우므로 전문가의 상담을 추천한다.

20~29점
발표 불안이 보통 정도 상태
조금 더 노력한다면 좋은 결과를 얻을 수 있다.

10~19점
일반 평균 수준의 발표 불안 상태
성공적인 스피치를 위해 노력이 필요하다.

0~9점
발표 불안이 거의 없는 상태
당신은 사람들이 부러워할 정도로 발표 불안이 없기 때문에
발표에서 좋은 결과를 얻을 확률이 높다.

강사는 어떻게 되나요?

강의를 어떻게 시작해야 하나요? 여러분이 강의하고 싶다고 생각했더라도, 막상 무엇부터 해야 할지 막막해지잖아요. 다음 내용을 읽고 사내 강사, 전임 강사, 프리랜서 강사 중에서 자신에게 가장 적합한 출발을 해보세요. 기업체 사내 강사와 교육 업체 전임 강사는 조직에 소속되어 강의를 업으로 삼는 전문 강사이고, 프리랜서 강사는 전문 강사로 활동해도 되고 N잡러의 개념으로 시작해도 됩니다. 각 특징을 읽어보고 선택에 도움이 되길 바랍니다.

1) 기업체 사내 강사 시작하기

사내 강사는 기업이나 기관에 소속된 강사를 말합니다. 직장인의 개념과 유사하며, 안정적인 연봉과 복지 혜택을 누릴 수 있는 장점이 있어요. 주로 조직 내부의 직무 관련이나 서비스 교육을 담당합니다. 특히 사내 강사는 CS 강사를 주로 채용하고 있어요. CS(Customer Satisfaction)는 고객 만족을 뜻합니다. 즉, 서비스 전문 강사는 기업과 기관의 임직원을 대상으로 서비스 마인드, 고객 응대, 고객 관리, 고객 만족 경영, 비즈니스 매너 등의 내용을 강의합니다. 고객 서비스에 관심이 있는 분이라면 지원하시길 추천합니다. 철저히 조직의 니즈에 따라서 교육 기획과 강의를 하게 됩니다.

사내 강사가 되는 방법은 해당 기업의 직원으로 근무하다가 자연스럽게 강사가 되거나, 사설 아카데미에서 서비스강사 양성 과정을 수료하고 공개 채용에 합격하여 강사로 활동하는 것입니다. 사내 강사는 업계 동향과 트렌드를 접할 기회가 많고, 역량 있는 외부 초청 강사의 다양한 강의를 들을 기회가 주어집니다.

사내 강사는 프리랜서 강사로 전향하기에 유리합니다. 조직 내의 대상으로 한정적인 주제를 강의하는 경우가 많기 때문에 자신만의 강의 콘텐츠를 만드는 것이 익숙하지 않을 수 있어요. 일반인보다는 프리랜서 강사로 활동을 시작하기에 유리하지만, 다양한 대상과 주제를 경험하는 시간이 필요합니다.

만약 서비스강사 양성 과정을 수강하고 싶다면, 합리적으로 배울 수 있는 좋은 방법을 알려드릴게요. 국가에서 교육비를 지원하는 국민내일배움카드를 발급받으시기 바랍니다. 국민내일배움카드는 근로자의 직무 능력 향상과 경쟁력 강화를 위해서 훈련비용의 일부를 국가에서 지원하는 제도입니다. 국민내일배움카드는 가까운 고용센터를 방문하거나 HRD net을 통해 신청할 수 있어요. 가장 큰 장점은 '누구나 신청 가능'하다는 점인데요. 직장인들은 수익이 있어 국비 지원 혜택을 받지 못한다고 생각할 수 있지만, 일정 금액 이상 소득이 있는 대규모 기업 종사자와 일부 고소득자, 특수고용형태 종사자가 아니라면 신청이 가능해요. 구직자는 물론이고 직장인도 혜택을 받을 수 있어요. 국민내일배움카드는 300~500만 원의 훈련비를 지원받을 수 있고 성실히 훈련받는 훈련생의 경우 매월 훈련 장려금까지 지급되어요. 이 카드는 실업, 재직, 자영업 여부와 상관없이 5년간 사용 가능합니다. 그렇기 때문에 배우고 싶은 것을 충분히 고민하고 결정해도 됩니다. 어떤 교육과정이 있는지 알고 싶다면, 직업훈련포털 HRD-Net에서 볼 수 있어요. 서비스강사 과정을 수강하고자 한다면 훈련 과정 메뉴에서 신청하면 됩니다. 서비스강사 과정 외에도 다양한 과정이 있으니 구경해 보시기 바랍니다.

2) 교육 업체 전임 강사로 시작하기

교육 업체 전임 강사는 전문적으로 교육을 하는 곳에 소속되어 정규직이나 계약직으로 일하는 강사입니다. 정규직은 사내 강사와 마찬가지로 연봉을 받게 되고, 출퇴근이 일정해요. 계약직 전임 강사는 일정 기간 동안만 근무하거나 파트타임으로 강의를 합니다.

전임 강사가 되는 방법은 공개 채용에 지원하거나 지인을 통해서 입사하는 것입니다. 전임 강사의 장점은 프리랜서 강사에 비해서 고정적인 수입으로 인한 경제적 안정감이 있다는 것이에요. 기업체 사내 강사와 비교했을 때 다양한 대상과 주제를 강의할 수 있기 때문에 다채로운 강의 경험을 쌓을 수 있어요. 일반적으로 규모가 큰 교육 업체들도 있으나 소규모 교육 업체가 많기 때문에 연봉이 높지 않고 처우가 열악한 경우가 많아 이직률이 높은 편입니다.

3) 프리랜서 강사로 시작하기

프리랜서 강사는 특정한 집단에 소속되지 않은 강사를 말합니다. 프리랜서 강사는 강의를 업으로 하는 전문 강사와 다른 일을 하면서 강의를 겸하는 N잡러가 있어요. 조금 쉽게 이해를 돕자면 스타 강사 김창옥은 전문 강사이고, 오은영 박사는 심리 상담이 주 업무지만 강연을 겸하는 N잡러에 가까워요. 프리랜서이기 때문에 진입 문턱은 높지 않지만, 오랫동안 지속 가능하려면 온전히 개인의 역량으로 처우가 달라집니다. 각 분야의 전문 지식, 교수 능력, 청중에 대한 이해를 바탕으로 독립적으로 활동합니다. 프리랜서 강사는 전문성과 인지도, 학력과 경력 등에 따라서 강의료가 몇 만 원에서 천만 원 단위까지 다양해요. 퍼스널브랜딩의 영향력을 가장 크게 받는다고 할 수 있습니다.

프리랜서 강사가 강의 의뢰를 받는 방법은 크게 두 가지입니다. 해당 업체 담당자에게 강의 요청을 받거나 강연 에이전시를 통해서 강의 의뢰를 받습니다. 업체 담당자에게 강의 요청을 받으면 강연 에이전시에게 지불해야 할 중간 수수료가 없기 때문에 강사들이 가장 선호하는 방식이에요. 그러나 초보 강사의 경우 아직 시장에 알려지지 않았기 때문에 이런 방식으로 강의 의뢰를 받기는 쉽지 않아요. 이럴 때는 강연 에이전시나 강연 플랫폼을 활용하는 것도 좋은 방법입니다. 강연 에이전시는 영업, 미팅, 입찰 등을 통해 강의 기회를 만들고, 각종 행사 진행 비용과 강의 요청을 한 강사에게 중간 수수료를 받는 시스템으로 운영합니다. 간혹 강사들이 강연 에이전시에 수수료를 지불하는 것에 분노하는 모습을 보곤 하는데, 너무 과한 수수료가 아닌 이상 당신이 해야 할 업무를 대신 해주는 것이므로 당연하다고 생각하시기 바랍니다. 강연 에이전시는 항상 새로운 강사를 찾고 있으므로 강의를 더 많이 하고 싶다면 지원해보는 것도 좋은 방법이에요.

외부 강사를 섭외하는 기준은 주제에 관련된 전문성과 평판이 대표적입니다. 강사의 전문성은 관련 분야 학력과 강의 경력이라고 할 수 있고, 평판은 강의를 수강한 사람의 추천 및 인지도를 말해요. 강의 요청을 하는 담당자 입장에서는 강의 평가에 대한 불안감이 있기에 위험도를 줄이고자 하는 마음이 큽니다. 또한, 요청사의 눈높이에 맞춰서, 같은 주제라도 다양한 변주가 가능해야 해요. 고전적인 관점에서 학습자를 가르친다는 개념보다는 자신이 가진 지식과 경험을 청중과 공유하고 어떻게 변화하게 할 것인가를 고민하도록 하세요. 강의는 일방적인 것이 아닌 청중과 호흡하는 쌍방향적 소통이 중요하다는 것을 기억하세요.

프리랜서 강사는 강의와 관련된 역량과 그 외의 능력이 필요합니다. 강의 관련한 역량은 대상 분석, 트렌드 분석, 동기부여 능력뿐 아니라 관련 분야의 지속적인 연구, 관련 기자재 활용 능력 등 종합적인 역량 등이 요구되므로 끊임없는 자기 계발이 필요해요. 그 외에 강의 요청사를 확보하고 관리하기 위한 제안서 및 각종 문서 작성 능력, 영업 능력, 마케팅 능력, 고객사 관리 능력, 자기 PR 능력 등을 갖추어야 합니다. 개인의 능력에 따라서 수익과 인지도가 발생하기 때문에, 스스로 브랜딩하고 홍보하는 마케터의 역할이 필요해요.

어디서 강의해야 하나요?

당신은 어느 곳에서 강의하고 싶은가요?
유명한 대기업 강연장에서 강의하고 싶은가요?
추억이 가득한 모교에서 후배들에게 강의하고 싶은가요?

여러분은 이 질문에 어떤 답을 하셨는지 궁금해요. 이와 관련하여 강사 양성 과정을 수강하던 수강생의 이야기를 해드릴게요. 그분에게 왜 강의를 하고 싶은지 물었는데 그 대답이 의외였습니다. 회사에서 특강을 들은 적이 있는데, 무대에 서서 강의하는 강사님이 너무 멋있어 보이더래요. 그래서 '나도 저런 멋진 무대에서 강의하고 싶다'고 생각하고 방법을 알아보다가 강사 과정을 신청하게 되었다고 하더군요. 여러분의 동기가 무엇이든 강의를 시작하면 어디서 해야할지 고민이 생길 거예요. 기업에서 초보강사에게 강의를 의뢰하는 경우는 극히 드물거든요. 위 수강생의 경우 기업에서 강의하는 것이 최종 목표였습니다.

저는 전국의 기업, 정부기관 및 공공기관, 학교, 평생학습관 등 다양한 곳에서 강의해온 경험이 있습니다. 강의 대상은 청소년, 청년, 중장년, 노년층까지 모두 만나고 있어요. 강의 의뢰처마다 선호하는 강의 주제와 강사, 강의료가 다릅니다. 그래서 먼저 길을 걸어본 사람으로서 자세히 알려드리도록 할게요.

이 책에는 정부 기관 및 공공기관, 평생학습관, 도서관, 학교, 온라인 강의, 무료 강의 내용을 실었어요. 참고로 연간 교육을 진행하는 기업, 공공기관 등은 다음 해의 교육 계획을 매년 10월에서 12월에 정합니다. 이 시기에 담당자에게 강의 콘텐츠와 프로그램을 제안해야 반영될 가능성이 높다는 것을 알고 계시면 좋을 듯해요. 학기제로 운영하는 문화센터, 평생학습관 등은 담당자가 학기 계획을 세우는 시기에 강의 제안을 하는 것을 추천해요. 처음 강의하시는 분들은 문턱이 다소 낮은 온라인 무료 강의, 복지관, 문화센터, 평생학습관 등부터 시도해 보세요. 이미 강의 경력이 있다면 적극적으로 강의 제안을 하시기 바랍니다.

1) 정부 기관 및 공공기관

공공기관은 공기업, 준정부 기관, 기타 기관을 포함하여 2024년 기준 총 300개가 넘고, 산하기관까지 포함한다면 더욱 많습니다. 여기서는 정부 기관 및 공공기관뿐 아니라, 평생학습관과 도서관을 알아보도록 하겠습니다.

정부 기관이나 공공기관 강의의 장점은 장기간 지속적으로 강의할 수 있다는 점이에요. 대부분 담당자는 새로운 강사로 교체하지 않고, 동일한 강사에게 강의를 요청하는 경우가 많아요. 강의 평가 점수가 낮지 않다면 대부분의 경우 계속 강의를 의뢰 받을 수 있어요. 그렇기에 전문 강사 중에서는 기업 특강에 비해서 공공기관의 강사료가 낮지만, 지속력이 높기 때문에 공공기관에서 강의하는 경우가 많습니다. 그러나 정부 기관이나 공공기관은 강사의 학력과 경력에 따라서 등급을 분류하고 있기에 신입 강사에게는 진입 문턱이 높은 편이에요. 신입 강사는 진입 문턱이 조금 더 낮은 평생학습관, 도서관, 주민센터, 복지관 등을 추천해 드려요. 이렇게 시작하다 보면 어느새 원하는 곳에서 강의하는 날이 오게 될 거예요.

평생학습관은 지역 주민에게 평생학습 기회를 제공하기 위해 설치 또는 운영하는 학습관을 말해요. 여러분이 사는 지역을 기준으로 평생학습관을 검색해 보는 것도 좋은 방법이에요. 강사 모집 공고를 통해서 강사를 선정하는 경우가 많으므로 기관 홈페이지를 주기적으로 체크하세요. 포털 사이트에서 '평생학습관 강사 모집'을 검색해 보는 것도 좋습니다. 또 다른 방법으로 평생학습관은 '강사뱅크'를 운영하는 경우가 많은데, 정해진 기간 없이 강사가 프로필을 업로드하면 관련 분야 강사가 필요할 때 요청하는 시스템이에요.

평생학습관에서 선정하는 강의 주제를 상세히 설명해 드릴게요. 평생학습관은 사설 기관을 제외하고 공공 예산으로 운영하고 있어요. 대부분 정부 예산을 받을 수 있는 강의 주제를 선정합니다. 여러분이 강의 제안을 하더라도 실무자 입장에서는 정해진 주제가 아니라면 강의 요청을 하지 못할 수 있어요. 평생학습관은 '평생교육 프로그램 6진 분류표'를 기준으로 교육과정을 운영합니다. 평생교육 프로그램 6진 분류는 국가 차원의 평생교육을 진흥하고 국민의 평생교육 경험을 체계적으로 관리하고 지원할 수 있도록 만들어졌어요. 이것은 기초문해강의, 학력보완강의, 직업능력강의, 문화예술강의, 인문교양강의, 시민참여강의 총 6개의 대분류로 나누어집니다.

기초문해강의는 언어적 기초 및 활용을 목적으로 한글을 읽고, 쓸 수 있도록 하는 문자 해독 능력과 생활 속에서 직면한 문제를 해결하고 주어진 과업을 수행할 수 있는 문해 활용 능력을 개발하는 강의를 말합니다. 학력보완강의는 학력 조건과 인증을 목적으로 초·중등강의법, 고등강의법, 평생강의법에 명시된 소정의 학력을 인정받는 데 필요한 이수 단위 및 학점과 관련된 학력 인증 강의입니다. 직업능력강의는 직업 준비와 직무 역량 개발을 목적으로 직업에 필요한 자격과 조건을 체계적으로 준비하고, 주어진 역할과 직무를 효과적으로 수행할 수 있도록 돕는 강의를 말합니다. 문화예술강의는 문화예술 향유와 활용을 목적으로 합니다. 문화예술적 상상력과 창의력을 촉진하고 문화예술 행위와 기능을 숙련시키는 일련의 과정과 일상생활 속에서 문화예술을 향유하고 접목할 수 있는 능력을 개발하는 강의를 말합니다. 인문교양강의는 교양 확장 및 소양 개발을 목적으로 합니다. 교양을 갖춘 현대인으로서 전인적인 성품과 다양한 소양을 개발하고, 신체적·정신적 건강을 겸비할 수 있도록 합니다. 시민참여강의는 사회적 책무와 공익적 활용을 목적으로 하고 있습니다. 민주 시민으로서 갖추어야 할 자질과 역량을 개발하고, 사회 통합 및 공동체 형성과 관련하여 시민 참여를 촉진하고 지원하는 강의를 말합니다. 평생학습계좌제의 프로그램으로 국민의 평생학습 이력을 체계적으로 관리할 수 있도록 실용성 있는 분류 체계를 설정한 것이라고 할 수 있어요. 이곳은 실제 이 분류표 기준으로 강사를 모집하는 경우가 많으므로, 자신의 강의 주제와 적합 여부를 확인하여 지원하기 바랍니다.

도서관은 지역 주민을 위한 다양한 강좌를 운영하고 있습니다. 다른 곳들보다 주민을 위한 폭넓은 강의 개설이 가능한 곳이에요. 도서관에서 진행하는 프로그램을 '문화체육관광부, 「도서관 문화 프로그램 모형 및 운영 매뉴얼에 관한 연구」 자료를 토대로 알려드리고자 합니다. 도서관은 예술 프로그램, 독서 프로그램, 평생교육 프로그램, 취미 문화 강좌 프로그램 등을 개설하고 있습니다.

예술 프로그램은 미술, 전시, 음악과 관련된 내용이고, 독서 프로그램은 독서 토론, 작가와의 만남 등이 있어요. 만약, 책을 출간한 저자라면 강의가 조금 더 유리할 수 있어요. 출간 도서를 예술, 취미, 트렌드, 힐링 등 지역 주민에게 도움 되는 주제와 융합하여 담당자에게 제안해 보세요. 일회성 강의 및 행사는 과학의 날 행사, 독서의 달 행사 등이 있고, 교육 프로그램은 평생교육 프로그램으로 앞서 다룬 평생학습관 강의를 참조하시기 바랍니다. 취미 문화 강좌 프로그램은 사진, 비누 공예, 스포츠, 만들기 등이 있습니다.

위에서 언급한 도서관 프로그램을 참조하여 내 콘텐츠의 적합 여부를 확인한 후 지원해 보세요. 가까운 도서관을 방문해서 운영되고 있는 프로그램을 살펴보는 것을 권장합니다. 만약 더욱 상세한 내용을 알고 싶다면, 해당 도서관에 문의하는 것이 좋아요. 그곳에서 강의하기 위해 필요한 경력과 서류를 알아보세요.

그 밖에도 일자리센터, 여성능력개발원, 가족센터, 복지센터, 시민대학 등 다양합니다. 담당자는 항상 새로운 주제에 목마를 수 있기 때문에 당신의 콘텐츠를 알리고 선점하시기 바랍니다.

2) 학교

학교에서 강의하는 건 어떨까요? 학교에서는 정교사를 제외하고 영어 전담, 체육 전담, 체육 전문 강사, 방과 후 교사, 특기·적성 강사, 꿈나무지킴이 등이 다양하게 활동하고 있어요. 대학교는 전임 강사를 제외하고 시간강사, 외부 강사 등이 있어요. 고등교육통계서비스 기준으로 전국 유치원은 8,045개, 초등학교는 6,350개, 중학교는 3,279개, 고등학교는 2,381개, 대학교는 184개(2023년 10월 기준)로 모두 합산하면 2만 239개예요. 이 중에서 당신을 필요로 하는 곳을 찾고 강의하는 날을 그려보세요.

방과 후 강사는 기본적으로 수업 분야에 대한 전문 지식과 기술을 갖추어야 해요. 대부분 학교는 강사 모집 공고에 관련 자격증 소지자를 자격 요건으로 명시하고 있기에, 관련한 자격증이나 교육과정 등을 이수하도록 합니다. 공인된 기관에서 발급된 자격증과 더불어 분야에 따라서는 사설 기관에서 받은 자격증도 사용 가능해요. 강사 구인을 알아보고자 한다면, 대부분 시도교육청은 교육청 홈페이지에 방과 후 강사 구인 게시판이 있고, 포털 사이트에서 '방과 후 강사 모집'으로 검색하면 찾을 수 있어요. 방과 후 강사로 합격하기 위해서는 경쟁자들보다 돋보이는 경력과 자격증, 긍정적인 평판을 만드는 것이 중요해요. 자격증은 있지만, 관련 교육 경험이 없는 강사를 채용하는 학교는 많지 않습니다. 경력이 없는 강사는 채용을 안 한다는데 어떻게 해야 할지 고민이라면, 가급적 인기 없는 학교나 다른 강사들이 기피하는 곳에 지원하시길 추천해요. 교통편이 좋지 않은 학교처럼 방과 후 강사를 구하기 쉽지 않은 학교가 있어요. 이런 곳들은 신규 강사가 자격증만 있어도 채용될 확률이 다른 곳보다 높아요. 조금 힘들긴 해도 미래를 위한 경험을 쌓는 시간을 만들어보세요. 이렇게 근무하다 보면 자연스럽게 실력이 쌓이고 원하는 학교에 지원할 수 있는 경쟁력이 높아지게 됩니다.

대학교와 특성화고등학교는 매년 취업 및 진로에 관련된 강의를 필수적으로 진행합니다. 그래서 진로나 취업과 관련된 콘텐츠를 가진 분이라면 관심을 가져보기 바랍니다. 일반적으로 학교는 교육 업체와 공공 입찰을 통해서 B2B로 계약을 하기 때문에, 강사는 업체의 의뢰 요청을 받고 강의를 합니다. 또는, 학교 담당자의 필요에 따라서 강사에게 개별적으로 강의 요청을 하는 경우도 있습니다. 그 외에 대학교에서 겸임 교수나 시간강사가 되길 원한다면 해당 학교의 홈페이지 교수 임용 공고를 확인하세요. 또는 전국 교수초빙 사이트 '하이브레인넷'에 들어가서 임용 공고를 확인하고 지원하시기 바랍니다. 저는 2012년부터 대학교에서 시간강사, 겸임 교수, 특임 교수 등으로 재직하면서, 사업과 외부 강의를 겸하고 있습니다. 기업 강의와는 다르게 학생을 가르치는 보람이 있고 경력에도 도움이 되고 있습니다.

3) 기업

강사가 가장 선호하는 강의 의뢰처는 기업입니다. 일반적으로 대기업에서 강의 요청을 받은 강사는 그 분야의 전문성을 인정받은 것으로 생각하셔도 좋습니다. 스타 강사들이 천만 원 넘는 강사료를 받는 곳도 기업입니다. 하지만 그만큼 기업 담당자의 강사 선택 기준은 까다롭다고 할 수 있어요. 기업은 전문가이거나 사회적으로 이슈가 된 인물에게 강의 요청을 합니다. 전자의 경우 강사의 관련 분야 학력, 경력, 평판 등을 확인하고 검증을 마친 후 강의 요청을 합니다. 후자는 사회적으로 이슈가 된 인물로 강의 경험, 학력이나 경력 등과 상관없이 강의 요청을 합니다. 간혹 유튜브나 SNS 홍보에서 높은 학력이나 스펙이 없어도 기업 강사가 가능하다는 마케팅 문구를 접하게 되는데, 사실 현실과 싱이하다고 할 수 있어요. 물론 기업이 대기업이나 중견기업만 있는 것은 아니지만, 소규모 중소기업에서도 초보 강사를 섭외하는 경우는 흔하지 않습니다.

기업에서 이루어지는 주요 교육은 직무 공통, 직무 세부, 법정의무, 커뮤니케이션, 리더십, 코칭, 힐링 관련 주제입니다. 세부 내용을 살펴보면, 직무 공통은 기획력, 비즈니스 글쓰기(보고서/기획서 등), 프레젠테이션 등과 관련된 내용입니다. 직무 세부는 총무, 경영전략, 마케팅, 인사관리, 신사업 기획 등이에요. 커뮤니케이션과 관련하여 조직 소통, 조직 활성화, 커뮤니케이션 화법 등이 있습니다. 매년 반드시 이수해야 하는 법정의무 교육은 성희롱 예방, 개인정보 보호, 산업안전보건, 장애인 인식 개선 등이 있어요. 리더십과 코칭 관련된 강의는 리더십 코칭, 팀장 리더십, 리더십 커뮤니케이션, 팔로워십, 핵심 인재 코칭, 임원 코칭, 그룹 코칭 등이 있어요. 이 외에도 임직원의 스트레스 해소를 위한 다양한 힐링 프로그램을 운영합니다. 기업의 궁극적인 목적은 매출 증대이므로, 이에 도움이 되는 강의 콘텐츠가 유리합니다.

4) 온라인 클래스

여러분이 장소 이동이 어렵거나 시간 제약이 있는 환경이라면 온라인 강의 클래스를 개설해 보세요. 온라인 강의는 지리적 제약과 상관없이 인터넷이 가능한 전 세계 어디서나 강의를 할 수 있어요. 진정한 디지털 노마드를 이룰 수 있습니다. 실시간 온라인 강의를 진행하거나, 강의 영상을 제작하여 판매할 수 있어요. 코로나19 사태로 인해 일반인들조차 온라인 강의에 익숙해졌어요. 오프라인 강의와 달리 장소 대여, 장비 대여, 교재 제작 등의 비용이 절감됩니다. 오프라인 강의의 경우 장소의 수용 인원 한계로 인해 인원 제한이 있지만, 온라인 강의는 더욱 많은 수강생의 신청을 받을 수 있습니다. 강의 자료는 링크를 통해 쉽게 공유할 수 있고요. 강의를 녹화한 영상을 수강하는 경우 수강생 입장에서 자신의 일정에 맞춰서 강의를 들을 수 있고, 여러 번 반복해서 들을 수 있다는 장점이 있어요.

온라인 강의의 단점은 오프라인 강의와 달리 청중과의 상호작용이 제한적일 수 있다는 점입니다. 기술적인 문제가 발생하거나, 불안정한 인터넷 환경, 동영상 재생 오류 등의 문제가 생길 수 있어요. 다양한 실습과 상호 소통이 용이한 오프라인 강의와 달리 수강생들의 집중력이 저하되기 쉽습니다. 일부 수강생들은 온라인 강의에 대한 접근성이 낮고, 학습 격차가 발생할 수 있어요. 온라인 강의는 즉각적인 피드백이 어려울 수 있고, 강사 입장에서는 수강생의 이해도를 파악하기 어려울 수 있어요. 이러한 장단점을 고려하여 강의를 진행하는 것이 좋습니다.

온라인 강의가 증가함에 따라서 온라인 강의 플랫폼이 더욱 확산되고 있어요. 여러분의 강의 개설을 권장하면서 온라인 강의 클래스 플랫폼을 공유합니다. 참조로 하단의 '위버'와 '이너트립'은 강연 에이전시 플랫폼으로 요즘 인기 있는 사이트라서 함께 알려드릴게요. 플랫폼마다 장단점이 있으므로 틈틈이 모두 들어가서 구경하시고 자신에게 적합한 클래스를 선택하시어 강좌를 개설해 보세요.

온라인 강의 사이트

- 크몽 kmong.com
- 숨고 soomgo.com
- 탈잉 www.taling.me
- 프립 www.frip.co.kr
- 클래스101 class101.net/ko
- 온오프믹스 www.onoffmix.com
- 클래스라이브 www.liveklass.com
- 클래스유 www.classu.co.kr
- 인클 incle.co.kr
- 큐리어스 curious-500.com
- 위버 www.weebur.com
- 이너트립 innertrip.co.kr

온라인 강의 클래스 개설은 자발적인 노력과 준비가 필요합니다. 저의 경우 자체적으로 Zoom을 활용하여 전문가 과정을 개설하여 운영하고 있어요. 실제 거리가 멀어서 수강하러 방문하기 어려운 경상도, 전라도, 제주도 그리고 외국에서도 수강 신청을 하고 강좌를 이수하고 있습니다. 디지털 노마드나 N잡러의 꿈이 있다면 자신만의 온라인 시스템을 구축해 보세요.

5) 무료 강의

어느 날 온라인 메시지로 다음과 같은 질문을 받았어요.

'안녕하세요. 저는 강의를 하고 싶은데요. 알려주신 곳들에 지원해 보았지만, 경력이 없는 왕초보인 제게는 아무 연락이 없었어요. 정말 강의를 하고 싶은데 저는 어떻게 강의를 시작해야 할까요?'

강사가 되고 싶어서 이리저리 정보를 찾아보고, 강사 이력서를 작성하였으나 지원조차 하기가 어려운가요? 모든 준비는 되었는데 강의 요청하는 곳이 없어서 방황하고 있나요? 사실 강의할 곳이 적은 것이 아니라 당신이라는 브랜드가 알려지지 않았기 때문이라고 할 수 있어요.

파레토의 법칙을 아시나요? 경제학자 빌브레도 파레토(Vilfredo Federico Damaso Pareto)는 '인구의 20%가 전체 부의 80%를 가지고 있다'고 학계에 발표하였어요. 학자의 이름을 딴 파레토 법칙은 '2080 법칙'이라고도 하며, '전체 결과의 80%가 전체 원인의 20%에서 일어나는 현상'을 의미해요. 강사들의 세계도 이와 같아요. 탄탄한 강의력을 바탕으로 잘 알려진 20%의 강사가 강의 시장의 80%를 장악하고 높은 수익을 창출하고 있어요. 억대 연봉을 받는 강사들이 20%에 속해 있어요. 나머지 80%의 강사들은 대부분의 업종이 그렇듯이 피라미드 형태를 이루고 끊임없이 경쟁

하는 것이 현실입니다.

그렇다고 해서 미리 겁을 먹고 포기할 필요는 없어요. 많은 사람이 이 길을 가고 있다는 것은 생존과 성장이 가능한 분야라는 것을 의미하니까요. 이런 먼 이야기는 접어두고 우선 강의를 하려면 강의 입문을 해야 하겠죠. 강의 실전 경험을 쌓아야 자신의 강의 수준을 알고 실력을 향상시킬 수 있잖아요. 질문자처럼 여기서부터 고민되는 사람들이 많아요. 여러 곳에 지원했지만 연락이 오지 않는다면 먼저 무료 강의를 시작해 보세요. 여러분이 가장 쉽게 시작할 수 있는 방법이에요.

① 무료 공개 강의

무료 공개 강의는 자신을 알리고 강의 콘텐츠를 홍보하기 위한 목적이 큽니다. 강의 경험을 쌓고 자신을 홍보할 수 있는 소중한 기회이기도 해요. 온라인이나 오프라인 강의로 시작할 수 있어요. 오프라인 강의는 장소 대여, 장비 대여 등 비용 지출이 있기 때문에 가급적 온라인 무료 강의를 권장합니다. 무료 공개 강의의 모객을 위한 홍보는 블로그, 페이스북, 인스타그램, 메타 광고 등을 활용하세요. 기존의 블로그 이웃, SNS 팔로워들은 당신에게 관심이 있기에 강의 신청을 받기가 쉬워요. 만약 아직 소셜미디어를 하고 있지 않다면 무료 공개 강의를 오픈하기 전에 채널을 개설하고, 팔로워를 확보하세요.

② 재능 기부 강의

재능 기부는 자신의 전문적인 재능이나 능력을 기부의 목적으로 자원봉사를 하는 것입니다. 일부 기관에서는 재정적으로 운영비가 부족하여 외부 강의 요청이 어려울 수 있어요. 이런 기관으로는 아동보육원, 노숙자 시설, 가출 청소년 시설, 장애인종합복지관, 노인종합복지관 등이 있어요. 이러한 곳에 재능 기부 강의를 제안하면 다른 곳에 비해서 강의 기회를 조금 더 쉽게 얻을 수 있어요.

초보 강사는 청중 앞에서 강의하는 경험을 할 수 있고, 사람들에게 객관적인 강의 피드백을 받는 소중한 기회가 됩니다. 또한, 강의 경험이 적은 강사는 상대적으로 강의의 부족함이나 실수를 조금 더 이해해주기도 하기에 자신감과 경험을 얻을 수 있어요. 재능 기부 강의는 무료 강의 기반이지만 차후 약간의 강의료를 책정해주거나, 담당자가 다른 기관에 소개해 주는 기회가 생기기도 합니다. 즉, 당신의 강의와 태도가 훌륭하다면 담당자는 다른 유료 강의를 소개해 줄 확률이 높아요. 그렇게 경험을 쌓아 가면 강의 실력도 늘어날 뿐 아니라 원하는 곳의 강의 의뢰도 앞당길 수 있어요. 재능 기부 강의를 하고자 한다면 포털 사이트 검색창에 '재능기부 강사'라고 검색하시길 바랍니다. 재능기부 강사를 원하는 곳을 아래에 간략하게 소개합니다.

재능 기부 강사 모집 사이트

- 도봉배움e edu.dobong.go.kr
- 동대문평생학습관 www.ddm.go.kr
- 안양시평생학습원 learning.anyang.go.kr
- 용인시평생학습관 lll.yongin.go.kr/yongin
- 종로교육포털 lle.jongno.go.kr
- 영등포구청 www.ydp.go.kr

재능 기부 강의는 강의료를 받지 않지만, 유료 강의를 한다는 프로 강사의 자세로 강의에 임하시길 바랍니다. 이러한 자세가 아니라면 재능 기부 강의는 의미가 없으며 여러분의 강의를 듣는 분에게 도움이 되지 않습니다.

강사에게 필요한 서류는 무엇인가요?

강사에게 요구되는 서류는 무엇일까요? 처음 강의할 때 알려주는 사람이 없기 때문에 미리 준비하지 못하는 일이 생기기도 합니다. 이러한 상황에서 미리 준비하여 여러분이 당황하지 않도록 알려드릴게요. 일반적으로 강사 이력서 및 프로필, 강의 계획서, 제안서, 학력증명서, 경력증명서, 자격증, 수료증, 통장 및 신분증 사본 등이 있습니다. 이 중에서 대표적인 내용을 적어볼게요.

1) 강사 이력서 및 프로필

강사 이력서는 담당자를 만나는 첫인상과 같습니다. 첫 만남이 중요하듯이 이력서와 프로필로 호감 가는 이미지를 만드시기 바랍니다. 여기서 한 가지 의문이 생기실 거예요. 글 제목을 보며 강사 이력서와 프로필이 다른 건가요? 정답은 같은 듯 다릅니다. 강사 이력서는 여러분이 취업을 위해 작성하는 이력서 형식으로 한글 양식으로 작성하고, 강사 프로필은 디자이너의 포트폴리오와 비슷하며 파워포인트나 디자인 프로그램을 활용해서 작성합니다.

① 강사 이력서

강사 이력서는 통상적으로 학교, 정부 기관, 공공기관 등 국가의 지원을 받아 예산을 집행하는 기관에서 요청하고, 이를 강사 카드라는 명칭으로 부르는 곳도 있습니다. 시각적으로 먼저 보이는 사진, 폰트, 오타, 띄어쓰기 등에 신경을 써주세요. 내용을 작성할 때는 자신이 적고 싶은 내용보다는 담당자의 관점에서 보고 싶어 하는 내용을 중심으로 기재하시기 바랍니다.

이력서에는 일반적으로 지정 양식과 자유 양식이 있습니다. 강사 이력서도 동일합니다. 지정 양식의 경우 담당자가 발송해 준 양식으로 작성하고, 자유 양식이라면 자신이 돋보일 수 있는 한글 양식을 선택해 작성하여 제출하세요. 〈강사 이력서〉 양식을 첨부하니 작성을 연습해 보세요.

예를 들어서 ○○기관에 강사 이력서를 제출할 때 '본 양식 외 직접 제작한 이력서 및 프로필로 제출 가능합니다. 다른 양식을 사용할 경우, 이력서에 전문성을 나타내는 학력, 경력, 자격증 등을 꼭 표기해 주세요.'라고 적혀 있다면 어떨까요? 결론은 첨부한 지정 양식, 자유 양식, 프로필 중 하나를 제출하고, 학력, 경력, 자격증 등은 반드시 표기하라는 뜻이죠. 국가의 지원을 받아 강의를 진행하는 곳에서는 강사의 학력, 경력, 자격증에 따라서 등급과 강의료의 차이가 발생하므로 반드시 요청하는 내용을 작성하기 바랍니다.

② 강사 프로필

강사 프로필은 통상적으로 앞서 살펴본 정부 기관이나 공공기관보다는 민간 기업의 특강용으로 많이 사용됩니다. 강사 이력서와 큰 차이점은 디자인과 형식이에요. 프로필은 기간을 적는 것이 필수는 아니며 자신을 돋보일 수 있는 디자인을 사용하는 것이 좋습니다. 프로필은 이미지, 링크 등을 자유롭게 첨부하여 작성할 수 있어요. 프로필의 기본 작성 항목은 연락처, 이메일, 학력, 경력, 주요 강의 분야, 자격 및 수료 사항, 출강 현황, 강의 후기 등입니다.

강사 양성 과정의 수강생이 이런 질문을 하셨어요.

'저는 학력이 부족한데, 강사 프로필에 적지 않아도 될까요?'

답변은 예스입니다. 강사 이력서라면 학력을 반드시 기재해야 하지만, 강사 프로필에는 반드시 적어야 하는 것이 아니므로 본인이 원하지 않는다면 작성하지 않아도 됩니다. 그러나 강의하는 주제와 전공이 유관하고 관련 경력이 탄탄하다면 적는 걸 추천해요. 강의 의뢰처가 선호하는 내용이 있다면 돋보일 수 있도록 다이어그램이나 이미지를 사용하여 작성하는 것도 좋습니다.

실제 제가 강사를 파견할 때는 강사 프로필만 보고도 초보 강사인지 프로 강사인지 알 수 있어요. 자신의 커리어에 관심이 많고 강의를 요청하는 곳을 잘 분석한다면 매번 동일한 프로필을 보내지 않아요. 크게 바뀌지 않더라도 순서나 이미지에 조금씩 변화를 주게 됩니다. 또한, 프로필에 기간을 작성하지 않는다고 해서 학력이나 경력을 거짓이나 과장해서 작성하지 않도록 합니다. 실제 강사의 경력을 확인하기 위해 연락을 하는 경우가 가끔 있습니다. 제 경험으로도 우리 회사와 일해본 적이 없는 분이 수석 강사라고 프로필을 작성하어 타 기관에 제출한 경우가 있었습니다. 보조 강사로 강의 준비를 도와준 적이 있는 분이 경력을 부풀려서 적는 등 다양한 사례가 있었습니다.

이력서는 양식에 맞춰서 적으면 되기에 어렵지 않지만, 프로필은 서로 돋보이는 양식을 사용하므로 다른 강사의 프로필을 참조하면 작성 시 도움이 됩니다. 포털 사이트에 '강사 프로필'을 검색만 해도 다양한 예시를 볼 수 있으니 참조하시기 바랍니다.

2) 명함 및 멀티 링크

명함은 가장 전통적인 홍보 수단입니다. 강의를 시작한 지 얼마 되지 않았더라도 전문성을 나타낼 수 있는 명함을 만드세요. 강사의 명함에는 소속, 연락처, 이메일, 강의 분야 등이 적혀 있어야 하고 자신만의 슬로건을 담아도 됩니다. 디지털의 발전과 환경 파괴에 대한 우려로 명함이 없어져야 한다는 이야기도 있습니다만, 아직 보수적인 교육 시장에서 종이 명함은 제 역할을 하고 있습니다.

처음 강의를 시작하면서 만든 제 명함은 감각적이고 모던한 디자인과 컬러로 멋있었습니다. 개인적으로 무척 마음에 드는 명함이었지만, 그 명함을 선배에게 드렸을 때 그분은 이렇게 말해주었어요. "디자인은 너무 멋지다. 그런데, 아직 사람들에게 알려지지 않은 네게는 맞지 않는 명함인 것 같아. 네가 어떤 분야를 강의하는지 잘 모르겠고 글씨가 작아서 연락처가 잘 안 보이잖아. 이런 디자인의 명함은 충분히 너라는 사람이 알려진 다음에 사용하는 게 좋을 것 같아. 디자인은 조금 예쁘지 않더라도 상대방이 명함을 보자마자 네가 어떤 일을 하는 사람인지 기억하도록 만들어야 해.”

여러분의 의견은 어떤가요? 이후 선배의 말을 참고하고 디자인을 가미해서 명함을 만들었어요. 더불어 알려드릴 것은 독특한 크기의 명함은 예쁘긴 하지만 가능한 한 명함 파일에 넣을 수 있는 크기를 제작하시기 바랍니다. 요즘은 명함을 온라인으로 관리할 수 있는 명함관리 사이트가 있으나, 다양한 고객이 있을 수 있으므로 사이즈는 보편적인 것을 선택하는 것을 추천해요. 당신의 직업이 디자이너가 아닌 이상 보수적인 공공기관, 기업, 학교 등의 담당자는 명함을 받고 보관한다는 것을 감안하세요.

요즘은 종이로 된 명함을 대신해 링크 주소 하나로 자신을 알릴 수 있는 시대입니다. 멀티 링크는 여러 링크를 하나로 묶어서 하나의 URL로 제공하는 서비스를 말합니다. 이를 통해 개인 브랜드와 관련된 여러 링크를 한 번에 공유할 수 있고, 사용자가 원하는 링크를 선택해서 볼 수 있습니다.

멀티 링크는 강사 프로필, 연락처, 인스타그램, 유튜브, 강의 영상, 클래스 안내 및 신청까지 모두 담을 수 있기에 매우 유용합니다. 아직 사용해 본 적이 없다면 인포크링크, 링크트리, 리틀리와 같은 무료 사이트를 이용하여 쉽게 만들어 보세요. 저는 김지양의 멀티 링크(link.inpock.co.kr/kimjiyang_iim)를 메일이나 문자로 담당자에게 첨부하고 있습니다.

3) 기타

강의 의뢰처는 행정 처리를 위한 서류를 강사에게 요청합니다. 요청하는 기관에 따라서 약간의 차이는 있으며, 가장 간단한 요청 서류는 강사 이력서, 통장 사본, 신분증 사본입니다. 그러나 경력을 입증해야 하는 정부 기관이나 공공기관 등은 학력증명서, 경력증명서, 자격증, 수료증, 통장 및 신분증 사본을 모두 제출해야 합니다. 특히 일회성이 아닌 중장기 교육과정의 경우는 모든 서류를 보내야 해요.

이런 사항을 알지 못하면, 짧은 시간에 서류를 발급받기 어려워서 곤란한 상황이 생길 수 있습니다. 특히 여러 곳에 근무했다면 경력증명서를 당일에 모두 받아서 제출하기는 무리가 있을 거예요. 미리 자격증이나 수료증은 스캔을 해서 컴퓨터에 별도의 파일로 저장하도록 하세요.

민간 기업의 경우는 일반적으로 강사 프로필과 통장 및 신분증 사본을 제출하므로 전자보다 제출 서류가 간단합니다. 또한, 강의 제안서나 견적서를 보내는 경우가 많아요. 담당자 입장에서는 서류 처리가 많으므로 가급적 빠른 시일에 보내어 여러분을 함께 일하기 좋은 강사로 기억되도록 하세요.

강사 이력서

	성 명		생년월일	
	소 속		직 위	
	주 소			
	연락처		E-mail	
학 력	학 교	전공과목	학 위	졸업연도
주요경력	기 간	소속 / 직책		
자격증	자격증명	취득일자	발급기관	
저서 및 연구실적				
강의분야				

강의료는 어떻게 책정하나요?

강사들이 고민하는 부분이 강의료 책정이에요. 누구나 높은 강의료를 받고 싶어 하지만 강의 의뢰처마다 금액 측정 기준과 예산이 다양합니다. 강의료는 강사의 인지도와 경력 그리고 청중 만족도를 기반으로 미리 설정해 두는 것이 좋습니다. 당신이 강의 시장에서 얼마의 가치를 있는지, 객관적으로 판단하여 설정하여야 합니다.

정부 기관이나 공공기관은 각 기관마다 강의료 지급 기준표에 준하여 강의료를 책정합니다. 저도 처음 강의를 시작할 때 이런 기준표가 존재하는지 전혀 몰랐습니다. 알려주는 사람이 없기 때문에 담당자가 강의료를 물어볼 때 어떻게 말해야 할지 어려웠습니다. 하지만 이제는 담당자에게 강의료 기준이 어떻게 되는지 먼저 물어봅니다. 공공기관의 강의료 지급 기준은 강사의 경력에 따라서 특 1급, 특 2급, 일반 1급, 일반 2급 등으로 등급이 나누어집니다. 기관의 담당자는 강사에게 이력서와 관련 증빙서류를 요청하고, 검토 후 자체 기준에 따라서 강사료를 책정합니다.

기업이나 민간 시설은 강사의 전문성과 인지도에 따라서, 최대 천만 원대를 넘는 강의료를 지급하고 있어요. 일반적으로 담당자가 먼저 '강사님, 강의료 얼마 정도 받으시나요?'라고 물어보는 경우가 많아요. 평균적으로 지급해 온 강의료가 있으므로 강사가 말한 금액과 차이가 크다면 강의 요청이 어렵기 때문입니다. 그러나 당신이 차별화된 콘텐츠를 가지고 있고 대중이나 그 업계에서 인지도가 높다면, 충분한 경쟁력이 있기 때문에 담당자와 강의료 협상이 충분히 가능합니다.

담당자와 강의료 협상을 할 때는, 다음과 같은 방법을 제안해 볼 수 있어요. 대부분 강의료는 시간당 책정하기 때문에 강의 시간 조율이 가능한지, 책을 출간한 저자라면 저서 구입이 가능한지 물어보세요. 강의와 관련된 교구를 판매하고 있다면 별도의 재료비 책정이 가능한지 타진해 볼 수 있어요. 당신이라는 강사를 꼭 섭외하고 싶다고 생각된다면, 다른 강의료나 예산을 끌어와서라도 최대한 노력하여 당신에게 강의 요청을 할 거예요.

지방에서 진행되는 강의라면 교통비 책정이나 숙박 제공이 별도로 가능한지 미리 물어봐야 해요. 이른 오전 강의는 당일 도착이 어렵거나 컨디션 문제가 생기기 때문이에요. 그래서 전날 강의장 근처에서 숙박해야 하는 경우가 발생하므로 대중교통 및 픽업 서비스, 숙박 관련하여 일정에 차질이 없도록 합니다. 담당자로서는 가장 걱정하는 점이 강사의 지각이나 결석 등이기에 최대한 협조하고자 해요.

사례를 이야기하자면 B 강사가 업체에 별도 교통비를 문의하니 '강사님, 교통비는 실비 처리합니다.'라고 하셨다고 해요. 거리가 먼 지방이기에 시간을 절약하고자 비행기로 이동하였는데, 담당자의 당황한 모습이 보였다고 하네요. 담당자가 예상했던 기차나 고속버스와 같은 교통편과 상이하고 비용의 차이가 있었던 것이죠. 이런 상황이 발생하지 않도록 교통비 예산 범위를 미리 이야기 나누는 것이 좋습니다.

강연 에이전시는 당사 기준에 따라서 강의료가 책정되어 있어요. 대규모부터 소규모 에이전시까지 다양하고 강의 수수료가 최소 20~50%까지 책정되어 있습니다. 이 수수료와 세금을 제외하고 강사에게 지급해요. 앞서 설명한 것처럼 수수료는 입찰에서 영업까지 당신이 해야 할 많은 업무를 대신 해주는 것이라고 생각하면 됩니다. 큰 규모의 이벤트를 기획하는 에이전시는 유명인이나 연예인, 스타 강사를 고가의 비용을 지불하고 섭외합니다. 당신이 이렇게 섭외되는 강사라면 이 책을 읽지 않아도 되는 단계이니 이 책을 내려놓으세요.

생존을 위해 강의료는 중요해요. 그렇지만 먼저 당신이 그 돈을 받을 만큼 실력 있는 강사임을 입증하세요. 그냥 요즘 강의료 평균이 이러니까 나는 이만큼 받아야 한다는 매우 주관적인 과대평가는 금물입니다. 특히 신입 강사는 강의료를 먼저 생각하는 것보다는 실전 강의 경험을 쌓고 프로필을 채워가는 마음으로 강의 요청에 수락하시기를 바랍니다. 아직 실력이 입증되지 않은 신입 강사가 처음부터 강의료 때문에 거절한다면 그 업체의 강의 요청은 다음에 들어오지 않을 확률이 높아요. 저도 초보 강사일 때는 강의 요청하는 곳은 비용과 거리를 생각하지 않고 모두 수락하고 달려갔어요. 물론 연락 오는 곳도 많이 없었지만요.

　강의료는 당일부터 다음 달까지 지급일이 다양합니다. 에이전시의 경우 기업이나 기관에서 강의료를 정산 받은 후 강사에게 지급하기 때문에 통상적으로 다음 달 결제일에 입금되어요. 입금일이 지나서도 지급되지 않는다면 담당자에게 지급 일자를 확인하고 문자나 메일 등 증빙 자료를 남겨두세요. 흔치 않은 일이지만 제 주위에도 강의료를 받지 못한 경험이 있는 강사가 몇 명 있습니다. 저도 사전에 협의했던 강의료였지만 담당자의 업무 처리 미숙으로 갈등이 생겼던 적이 있어요. 다행히 협의했던 강의료를 받긴 했지만, 그 과정이 순탄치는 않았습니다. 업무에 관련된 내용은 가급적 메일로 주고받아서 증빙 자료를 남기는 습관을 가지는 것이 좋습니다.

　강의 요청이 왔을 때는 먼저 상대방에게 신뢰를 주고 요청해 주심에 감사하세요. 담당자에게 가능한 한 빠르게 답변을 하는 것이 매너겠지요. 만약 강의 일정이 중복된다면 다른 날짜로 변경할 수 있는지 물어보고, 변경이 어렵다면 먼저 잡힌 일정의 약속을 지켜야 해요. 간혹 먼저 잡힌 강의보다 나중에 연락 온 곳의 강의료가 더 고가라서 고민하는데, 오래도록 신뢰를 얻기 위해서는 먼저 약속한 강의 일정을 지키도록 합니다. 하루에 여러 건의 강의를 하는 경우는 이동 시간을 정확히 계산하고 조금 더 여유 있게 시간을 조정하는 것이 필요해요. 자가용으로 이동하려 했지만, 도심에 차가 막히는 시간이라면 가급적 대중교통으로 이동하는 것이 지각을 예방할 수 있어요.

기본적으로 강의 시간 최소 30분 전에는 도착하여 기자재와 강의장 컨디션을 체크하고 준비합니다. 저의 경우는 1~2시간 일찍 도착하여 근처 카페에서 여유롭게 커피 한잔을 마시고 강의장에 들어가는 것을 선호해요. 그렇게 하면 마음에 여유가 생기고, 강의를 더욱 행복하게 할 수 있더라고요. 강의는 다수의 사람과의 약속입니다. 당신의 시간이 소중하듯이 청중의 시간을 소중하게 여기는 강사가 롱런할 수 있습니다.

우리는 행복한 삶을 살기 위해서 경제적 측면을 생각하지 않을 수 없어요. 이러한 고민으로 이 책을 읽고 계신 독자가 많을 거예요. 인생에서 돈이 전부는 아니지만, 기본적인 생존을 위해 빈드시 필요해요. 안정된 직업이 있으면서 강의를 N잡으로 한다면 고민이 크지 않을 수도 있어요. 하지만 강의를 업으로 삼는 전문 강사에게 강사료의 의미는 생존과 직결됩니다. 그렇기에 강의 경력과 상관없이 항상 강의료 책정은 고민되는 부분입니다.

퍼스널브랜딩을 해야 하는 이유가 바로 여기에 있어요. 당신이 강력한 퍼스널브랜딩이 되어 있다면, 그 명성만으로 영향력이 높아지고 자연스럽게 이런 문제는 해결됩니다. 결국, 내 콘텐츠를 비싼 값에 파는 방법은 '나'라는 기업의 가치를 높이는 것이 답이에요. 그러므로 자신의 분야에서 전문성과 인지도를 높이세요. 이 책에서 알려드린 '당신을 브랜드로 만드는 여정 4단계'를 따라서 실천해보시기 바랍니다.

2. 퍼스널브랜딩 강사 되는
3단계 CMS

좋은 강의란 무엇일까요? 그 답은 이미 당신이 알고 있어요. 다음의 질문에 답을 해보기 바랍니다.

'당신이 들었던 강의 중에서 가장 좋았던 강의는 무엇인가요?'
'당신이 들었던 강의 중에서 가장 좋지 않았던 강의는 무엇인가요?'

강의가 좋았다는 것은 도움이 되는 내용이거나, 강사가 친절하거나 재밌는 등의 이유였을 기예요. 반대로 좋지 않게 기억되는 강의는 강의 내용이 주제와 상이하거나, 입증되지 않는 내용, 강사의 불친절, 자기 자랑 등의 이유가 많아요. 청중의 소중한 시간과 에너지를 아껴주세요.

일반적으로 강의는 크게 콘텐츠(강의 내용)와 딜리버리(전달 방식) 두 가지로 구성됩니다. 당연히 강의를 요청하는 입장에서는 내용과 전달력이 좋은 강사를 원하겠죠. 강사가 그 분야에 깊고 넓은 지식을 가지고 있지만, 목소리의 고저가 없고 일방적으로 지루하게 전달한다면 좋은 강의로 기억되지 못할 거예요. 반대로 강의 시간 내내 배가 아플 정도로 즐겁고 재미있는 강의였지만, 끝나고 내용이 남지 않는 강의도 있습니다. 이런 결과를 방지하기 위해서 강의 계획 시에 명확한 목표를 가지고, 콘텐츠와 딜리버리를 구성해야 해요. 이번 장을 통해서 콘텐츠와 딜리버리를 조화롭게 구성하는 방법을 알려드리도록 할게요.

청중이 열광하는 강의를 만들기 위해서는 〈강의 프로세스 6단계〉가 필요합니다. 강의 프로세스 6단계는 강의 주제 → 교육 목표 설정 → 자료 및 정보 수집 → 교안 작성 → 강의 연습 → 강의 실시의 순서입니다.

강의 프로세스 6단계

강의 주제에 따라서 청중과 의뢰처의 니즈를 파악하여 명확한 교육 목표를 설정하고, 자료를 수집하여 체계적인 교안을 바탕으로 강의안을 만드세요. 그 과정에서 강의 연습은 필수적입니다. 특정 강의 주제가 내 몸의 일부처럼 될 때까지 끊임없이 연습하세요. 당신이 단계별로 열정과 노력을 다했다면, 강의 현장에서의 두려움과 떨림은 설렘으로 바뀔 것입니다. 또한, 청중의 열광적인 반응을 이끌어내어 앙코르 강의 요청을 받는 강사가 될 수 있습니다. 상상만 해도 행복해지지 않나요? 이와 관련된 내용을 이번 장에서 알려드릴게요. 본문의 내용을 따라 하다 보면, 당신은 어느새 프로페셔널한 강사로 성장할 거예요.

[Contents] 강의 콘텐츠 정하기

1) 강의 아이템 선정

강의를 하기 위해서는 가장 먼저 강의 주제인 아이템을 선정해야 합니다. 자신이 잘할 수 있는 것과 청중이 원하는 주제는 다를 수 있어요. 당신이 강의 제안을 하고 싶은 기관에서 그 주제를 선호하는지 점검해 보세요.

실제 제게 질문한 예비 강사의 사례가 기억에 남아서 말씀드릴게요. 민호 님은 기업에서 동기부여 강의를 하고 싶다고 하시며 어떻게 하면 가능한지 문의하셨어요. 일반적으로 기업에서는 미디어에서 이슈가 된 인물이나 스타 강사에게 동기부여 강의를 의뢰합니다. 그렇기에 초보 강사에게는 잘 의뢰되지 않는 강의 주제예요. 예를 들면, 이슈가 되는 사람은 37개국 여행을 하고 100만 팔로워를 가진 여행 유튜버, 영어를 마스터한 개그맨, 교통사고로 인해 하반신 마비가 됐으나 도전을 멈추지 않고 선한 영향력으로 주목받는 인물 등을 들 수 있어요. 또한, 이런 경우는 일회성 강의인 경우가 많고요. 만약 이러한 주제로 강의를 하고 싶은데 아직 스타성이 있거나 이슈가 된 인물이 아니라면, 기업에서 필수로 강의하는 주제들과 동기부여를 융합해서 자신만의 강의 아이템을 만들도록 하는 것이 좋습니다. 기업의 필수 강의 주제인 리더십, 조직 활성화, 소통 등에 자신만의 동기부여 강의를 융합하는 것이죠.

2) 강의 기획 3P 분석

앙코르를 부르는 강의는 기획부터 다릅니다. 초보 강사는 전달해야 할 내용에 급급해서 대상이나 강의 목적을 놓치는 경우 많지만, 프로 강사는 기획 단계부터 다르다고 할 수 있어요. 저도 초보일 때는 너무 긴장한 나머지 강의를 어떻게 진행했는지 기억이 안 날 정도로 엉망이었던 적이 있고, 강의가 끝나고 거의 도망 나오듯 뛰쳐나왔습니다. 지금이야 그때를 회상하면서 웃으며 이야기하지만, 강의하는 것은 포기해야 하나 고민이 많았어요.

프로 강사의 강의 기획은 3P에서 시작합니다. 효과적인 강의 기획 3P는 PURPOSE(목적), PEOPLE(청중), PLACE(장소) 세 가지 요소로 이루어져 있습니다. 강의는 청중과 장소를 고려하고, 목적에 적합한 내용을 전달하는 일이라고 할 수 있어요.

강의 기획을 위한 3P

먼저 강의 목적을 설정하는 것은 넓고 푸른 바다 한가운데서 나침반과 같은 역할을 합니다. 급하게 바다를 항해하다 보면 길을 잃게 되잖아요. 강의를 하는 동안 목적을 망각하고, 시간에 급급하여 진행한다면 원하지 않은 결과를 가져올 수 있습니다.

예를 들어 소상공인 대상으로 '스마트한 미리캔버스 활용법'이라는 주제로 강의를 합니다. 미리캔버스가 만들어진 배경, 장점, 성공한 디자인 사례만 보여주고 강의가 끝난다면 어떨까요? 소상공인의 입장에서는 사업에 도움이 될 만한 실질적인 내용을 알고 싶어서 참석한 것이므로 기대했던 결과를 얻지 못했다고 생각할 수 있어요. 즉, 미리캔버스에 대한 활용 방법을 배우고 싶었기 때문에, 강의 만족도는 낮을 수밖에 없어요. 그들이 생각하기에 이런 내용이라면 바쁜 시간에 굳이 참석하지 않고, 유튜브 영상을 보는 것만으로도 충분하다고 생각할 수 있어요. 요즘처럼 각종 정보가 넘치는 세상에서 그냥 인터넷 검색만으로 알 수 있는 내용을 강의로 들을 필요성이 느껴지지 않잖아요. 즉, 당신의 강의가 유튜브나 검색 자료로 대체될 수 있다면 가치를 인정받을 수 없어요. 만약 위 사례와 같은 강의일 경우 청중이 일하는 현장에서 활용이 가능한 몇 가지 실습을 함께 진행한다면 만족도가 높아집니다.

당신이 청중 분석에 성공한다면, 자연스럽게 팬이 생기게 될거에요. 프로 강사라면 가장 신경 쓰는 부분이 청중 분석이에요. 대상에 따라 강의 교안의 내용과 이미지를 결정하고, 강사의 비주얼 스타일링, 보디랭귀지, 스피치를 스마트하게 선택하시기 바랍니다. 쉽게 설명하자면 잘나가는 영업 사원이 동일 제품을 팔더라도 고객이 바뀌면 입는 옷과 행동, 스피치 방법을 조금씩 다르게 하는 것과 비슷하다고 생각하시면 좋을 것 같아요. 유능한 강사는 동일 주제라고 하더라도 청중에 따라서 변화를 줍니다.

이와 관련해서 상세히 살펴보면 청중의 인원, 연령, 성별, 강의 수준 등을 파악하세요. 만약 실습이 있다면 10명 대상 강의와 100명 대상 강의는 실습 내용과 준비물이 달라집니다. 청중의 연령과 성별에 따라서 강의 사례와 단어가 달라져야 하고, 강의안의 이미지와 글이 변해야 합니다. 예를 들어서 중장년층에게 강의했던 인물의 예시를 10~20대의 청소년에게 그대로 이야기한다면 그들은 그 인물을 아예 모르거나 관심이 없어서 강의 내용을 경청하지 않을 수 있어요. 반대로 청소년층이 좋아하는 아이돌을 노년층에게 사례로 이야기한다면 모를 수 있기 때문에 당황스러운 상황이 연출됩니다.

청중의 강의 수준은 학습과 학력 수준으로 나눠보세요. 학습 수준이란 동일 주제를 청중이 들은 적이 있는지 입니다. 만약 사전에 확인하지 않고 기초적인 내용을 강의한다면, 중복된 내용을 듣는 청중은 그 시간이 지루하고 도움이 되지 않아서 불만이 발생할 수 있습니다. 청중의 학력 수준은 성인 기준으로 고등학교부터 석사 및 박사 졸업까지 다양하고, 일부 노년층의 경우 영어나 외래어를 어려워하시는 경우도 많습니다. 따라서 강사는 대상에 따라 강의 내용과 스피치에 변화를 주는 것이 좋아요.

제 경험을 말씀드리자면 동일 주제더라도 연구원이나 과학자 같은 고학력자인 경우는 강의 내용과 관련된 뉴스나 논문, 학회지, 통계자료 등을 첨부하고 출처를 명확히 밝혀줍니다. 그러나 노년층 중에서 한국전쟁을 겪었으며 학력이 높지 않다면, 가급적 외국어와 전문용어는 제외하고 조금 더 친근하고 쉬운 용어를 사용하여 강의를 하고 있어요.

강의 장소는 강의장 위치, 크기와 형태, 제반 설비와 비품 체크 등이 여기에 해당됩니다. 미리 강의장의 지리적 위치와 교통편, 주차장, 소요 시간을 알아봅니다. 강의장 구조가 계단식이라면 참여식 강의에 적합하지 않으므로, 담당자와 사전에 확인하여 강의 내용을 수정하여야 해요. 강의장 좌석 배치는 그룹형, ㄷ 자형 등 사전에 담당자와 협의하는 것이 좋습니다. 대부분의 강의장은 컴퓨터, 전자교탁, 빔프로젝터, 스피커, 마이크, 포인터 등이 비치되어 있어요. 하지만, 반드시 미리 제반 설비와 비품을 담당자에게 확인해야 원활한 강의가 진행됩니다.

최근 대학교 특강을 위해 미리 도착했는데, 마이크가 고장 난 상태였습니다. 대규모 계단식에 300명 이상 수용 가능한 강의장이라서, 마이크 없이 진행하기에는 무리가 있었어요. 이런 상황은 흔치 않아서 담당자도 당황하셨습니다. 다행히 여러 상황을 대비해서 저는 무선마이크를 가지고 다니기 때문에 제 마이크를 사용해서 강의를 무사히 잘 마쳤습니다.

강의장 컨디션을 확인하지 않은 채 급하게 도착한다면 당황스러운 상황과 마주할 수 있습니다. 만약 필요한 것이 하나라도 없다면 그날의 강의는 계획대로 이루어지지 않을 수 있어요. 혹시 담당자의 실수로 기자재가 제대로 준비되지 않더라도, 강의 시간은 온전히 강사의 것이기 때문에 모든 결과는 당신이 감당해야 한다는 것을 기억해 주세요.

3) 강의 프로세스의 이해

강의에 실패하는 요인은 무엇일까요? 청중이 다시 듣고 싶지 않은 강의는 다음과 같아요.

① 강의 제목과 내용이 일치하지 않는다.
② 내용이 부실하고 성의 없이 진행한다.
③ 편견을 가지고 내용을 전달한다.
④ 강사의 자기 자랑이 지나치다.
⑤ 설명이 모호하고 자료 제시가 부족하다.
⑥ 강사가 청중의 질문에 직질히 답변하지 못한다.

위 내용을 살펴보자면 ①, ②, ⑤는 강의 제목과 내용, 설명과 자료 등

강의 내용과 관련되어 있어요. ③, ④, ⑥은 강사에 태도와 능력, 전달 방법에 관한 것입니다. 강의를 잘한다는 건 전반적인 맥락을 이해하고 있을 때 가능해요.

처음 강의를 시작하는 분은 대부분 내용에만 중점을 두는 경우가 많지만 프로페셔널한 강사는 전반적인 맥락을 이해하고 강의를 준비합니다. 왜냐하면, 그사이 강의 실패를 겪으며 몸소 체험했기 때문이에요. 가능한 여러분의 실패를 줄이는 데 도움이 되기 위해서 저도 이 책을 쓰고 있습니다. 앞에서 강의 주제 선정과 강의 기획을 위한 3P에 대해서 알아봤습니다. 이 장에서는 강의를 어떻게 구성할지에 대한 이야기를 해볼까 해요.

[Materials] 강의 자료 만들기

1) 효과적인 강의 구성

강의는 도입 단계, 전개 단계, 종결 단계로 이루어집니다. 일반적인 글쓰기의 서론, 본론, 결론이라고 할 수 있겠죠. 전체 강의를 100%로 봤을 때, 도입과 종결 단계는 10~15%를 넘지 않도록 하고 전개 단계는 70~80%로 구성합니다. 도입이 너무 길어도 전개의 내용을 전달할 시간이 부족해져요. 전개는 전달할 내용을 세 가지 정도의 목차로 정리하여 전달하면 좋습니다. 종결이 길어지면 청중은 끝날 듯 끝나지 않고 이어지는 당신의 이야기에 불만이 생길 수 있어요. 많은 사람이 강의 종료 5~10분 전에 자리에서 일어날 마음을 준비하거든요.

효과적인 강의 구성

도입 단계는 강사와 청중 간에 일치감과 공감대를 만드는 단계로 강의에 대한 기대와 동기를 부여함으로써 청중의 관심을 집중시키는 역할을 해요. 이 단계에는 강사 소개, 목차 안내, 주의 집중, 동기부여가 들어가는데 만약 시간이 짧다면 다른 것은 제외하더라도 동기부여는 반드시 넣어야 합니다. 동기부여란 청중이 당신의 강의에서 얻을 수 있는 가치라고 할 수 있어요. 간혹 도입에 많은 시간을 사용하는 강사가 있는데, 이 단계는 전체 강의의 10~15%를 넘지 않게 구성하도록 하세요. 그렇지 않으면 정작 중요한 전개의 내용을 다 전달하지 못하고 강의가 끝나게 됩니다. 이건 제 실패 경험이기도 해요.

청중은 강의를 받아들이기 전에 강사를 받아들인다는 말이 있을 정도로 도입에서 오프닝이 중요해요. 그렇다면 강의 오프닝을 어떻게 해야 하나요? 강의 오프닝은 당연히 인사부터 시작하고, 강의 제목, 강사 소개 등을 합니다. 강의 오프닝 멘트는 기존 인식에 대한 질문이나 청중과 관련된 발언, 결론부터 말하는 방법 등이 있어요.

전개 단계는 강의의 70~80%에 해당하는 주요 내용이에요. 강의의 2~3가지 주요 내용을 교육의 흐름에 따라 소주제로 정리하여 체계적이고 설득력 있게 구성합니다. 청중의 이해도와 재미를 위한 사례를 풍부하게 준비하고, 강사의 일방적 전달이 아니라 청중과 공감할 수 있도록 하세요. 전개 과정에서 스토리텔링 기법을 사용하는 것도 효과적이에요. 동일한 주제라 하더라도 청중의 직업이나 상황에 적합한 예시를 이야기를 합니다. 스토리텔링의 예를 들자면, 스타 강사 A는 처음 강의를 시작했을 때 너무 적은 강의료를 받으니 생활이 어려워서 많은 고민을 하게 됩니다. 그래서 매일 새벽 4시 반에 기상하여 다른 사람과 차별되는 자신만의 강의 콘텐츠를 만들었다고 해요. 결국, 이러한 시간이 모여서 현재는 천만 원이 넘는 강의료를 받는 스타 강사가 되었습니다. 이처럼 '그냥 노력하세요.'보다는 실존 인물의 스토리텔링을 통해서 주제를 전달하면 더욱 효과적일 수 있어요.

종결 단계는 강의의 핵심 내용을 요약정리하고 기억할 수 있도록 합니다. 구체적인 실천 방법을 제시하고, 동기 부여를 하는 말로 다시 마무리하세요. 결론을 과하게 강조하다가 시간이 길어지지 않도록 시간을 잘 확인하고 마무리하는 것이 중요해요.

다음에 여러분이 오프닝 멘트를 연습할 수 있도록 〈강의 오프닝 멘트〉 워크지를 넣어두었으니 직접 연습해 보시기 바랍니다. 다음의 오프닝 사례는 실제 환경교육사를 위한 교육과정에서 연습했던 내용이에요. 연습하실 때는 자신의 강의 주제에 적합하게 내용을 작성하고 말로 소리 내 연습하여 익숙해지도록 하세요.

강의 오프닝 멘트

오프닝 멘트 1 (기존 인식 질문)

(예시) 환경보호라고 하면 무엇이 떠오르나요?

▶ **직접 작성하고 소리 내어 연습하세요.**

오프닝 멘트 2 (청중 구축 후 타당한 발언)

(예시) 여러분, 텀블러 가지고 다니는 분들 손 들어주시겠습니까? 생각보다 많네요.
과거보다 텀블러의 판매가 ○○% 늘어났다고 합니다. 그 이유는…

▶ **직접 작성하고 소리 내어 연습하세요.**

오프닝 멘트 3 (결론부터 말하는 오프닝)

(예시) 환경을 보호해야 합니다. 그 이유는…

▶ **직접 작성하고 소리 내어 연습하세요.**

2) 강의 교안 작성

처음 강의 기회가 생기면 강의를 어떻게 해야 할지 난처해집니다. 또한, 어떻게 내용을 구성해야 청중의 호응을 이끌어내고 내용을 잘 전달할 수 있는지를 모른 채 강의를 시작하는 경우가 많아요.

일반적으로 삶의 고난을 극복한 자신의 이야기를 전달하는 동기부여 강연은 이러한 구조를 알지 못하더라도 청중에게 좋은 반응을 얻을 수 있습니다. 또는, 어떤 분야의 대선배가 후배들에게 자신의 분야에 대한 성공담이나 직무를 강연하는 경우 이미 청중은 훌륭한 선배로서 당신을 받아들이기 때문에 체계화가 부족해도 반응이 좋을 수 있어요.

위와 같은 강의가 아니라면 체계적이고 논리적인 구성이 부족하면, 청중의 호응을 얻기 어렵습니다. 제가 들었던 강의 중에서도 강사가 주제에서 벗어나서 다른 이야기를 하다가 내용을 다 전달하지 못하고 강의가 끝나는 경우가 있어서 아쉬웠던 적이 있어요. 강의 구성 방법을 조금만 더 아셨다면 충분히 잘하실 수 있었을 텐데 하는 아쉬움이 있었기에 알려드리고자 합니다. 그래서 강의를 해본 적이 없거나 경험이 많지 않고 강의 후 후회가 남는다면 이 장을 읽고 원인을 찾아서 해결해 보시면 좋을 듯해요.

강의의 첫걸음은 강의 교안을 작성하는 것이에요. 강의 교안이란 강의 내용을 체계적으로 정리한 문서로, 강사가 강의 전에 그려보는 청사진이라고 할 수 있어요. 교안 작성이 중요한 이유는 강의 내용을 체계적으로 정리하고 구조화하는 데 도움을 주기 때문입니다. 이를 통해 강의의 흐름과 주요 주제를 명확히 할 수 있어요. 교안을 통해 강의의 목표와 결과를 설정할 수 있어요. 청중이 무엇을 배우고 기대할 수 있는지를 명확히 이해하도록 도와줍니다. 교안을 작성하면 각 주제에 할당할 시간을 미리 계획하여 강의를 원활하게 진행할 수 있기에 강의 시간을 효율적으로 관리하는 데 유용해요. 교안에는 강의 내용을 포함하여 청중의 참여를 위한 다양한 활동을 작성합니다. 이는 청중이 적극적으로 강의에 참여하도록 합니다. 강의에 필요한 자료나 참고 문헌을 정리할 수 있어서 미리 자료를 준비할 수 있어요. 강의를 끝내고 기존 계획대로 진행하였는지 평가 기준으로 사용할 수 있는 장점이 있습니다. 위와 같은 이유로 강의 교안 작성은 강의의 질을 높이고, 청중의 긍정적인 반응을 극대화하는 데 중요한 역할을 하게 되어요.

그렇다면 교안 작성 시 고려해야 할 점은 무엇일까요? 청중이 강의에서 무엇을 동기부여하고 배워야 할지 강의의 주요 목표와 결과를 명확히 설정해야 합니다. 앞서 살펴본 강의 기획의 3P를 고려하여 내용을 조정해야 하고, 이를 통해 청중의 이해도를 높일 수 있어요. 강의 내용이 청중에게 적합하고 흥미롭도록 너무 어렵지 않게 난이도를 조절하여 구성해야 해요. 도입, 전개, 종결로 구성하여 논리적인 흐름을 유지하도록 합니다. 청중의 이해를 도울 수 있는 이미지, 표, 영상 등을 활용하여 시각적으로 정보를 전달하는 것이 효과적이에요. 청중과 쌍방향 소통이 가능하도록 질문이나 실습 등을 포함하여 강의 효과를 높이도록 합니다. 소요되는 시간을 미리 계획하고, 강의 진행 중 시간 관리를 철저히 해야 합니다. 이런 점들을 고려하여 교안을 작성하면, 강의의 질과 청중의 호응도를 크게 향상할 수 있어요. 일반적으로 강의 주제와 목표, 주요 내용, 진행 방식 등을 포함해서 작성합니다. 아래는 교안에 포함해야 할 구성 요소입니다.

- 강의 제목: 강의의 주제를 명확히 나타내는 제목을 작성합니다.
- 강의 목표: 강의가 끝난 후 청중이 무엇을 배우고, 어떤 능력이 향상될 것인지에 대한 명확한 목표를 설정합니다.
- 시간 배분: 각 주제나 활동에 할당된 시간을 명시하여 강의 진행 시 시간 관리를 용이하게 합니다.
- 강의 내용: 강의의 주요 내용을 간략하게 정리하여, 강의의 흐름을 한눈에 파악할 수 있도록 합니다.
- 진행 방식: 청중이 참여할 활동(토론, 질문 등)과 평가 방법(퀴즈, 과제 등)을 명시합니다.

앞의 내용을 참조하여 〈강의 교안〉을 작성하여 연습하기 바랍니다.

3) 교수법 알기

교수법은 교육 내용을 가르치는 방법이나 방식을 말합니다. 교수자(강사)가 학습자(청중)를 가르칠 때 교육목표를 달성하기 위해서 상호작용하고 협력하는 일련의 과정이에요. 효과적인 강의방법을 적용하여 청중들의 학습 효과를 극대화하는 것이 교수법의 목표입니다. 청중의 특성과 학습 스타일을 고려하여 다양한 접근 방식을 활용합니다. 일반적으로 많이 사용하는 강의식 교수법, 토의식 교수법, 문제해결식 교수법, 역할연기법에 대해서 알려드릴게요.

강의식 교수법은 강사가 일방적으로 정보를 전달하는 방법입니다. 이 방법은 주로 학교 강의나 대규모 수업에서 많이 사용하고 있어요. 이 교수법의 장점은 다수의 대상에게 짧은 시간동안 동시에 내용을 전달할 수 있어 시간 절약이 효과적입니다. 강사가 수업의 흐름을 상당히 조절할 수 있어서 체계적인 내용 전달이 가능해요. 단점으로는 학습자의 창의성 발달을 저해할 수 있고, 강의의 질이 강사에 의존하기 때문에 오해가 발생할 가능성이 있어요. 학교의 수업방식을 떠올리면 됩니다. 교사의 역량과 관점 그리고 성향에 따라서 수업의 질에 차이가 있어요. 일방적인 정보 전달 방식은 학생들의 흥미를 유발하는 데 한계가 있을 수 있습니다. 단점을 보완하기 위해서는 학습자의 참여 유도를 통한 동기유발을 하고, 시청각 보조 자료를 활용하며 실생활에 응용 가능한 예시를 넣도록 합니다. 강의식 교수법은 많은 양의 정보를 효율적으로 전달하는 데 적합하지만, 학생들의 적극적인 참여와 상호작용을 유도하기 위해 다른 교수법과 병행하여 사용하는 것이 좋습니다.

토의식 교수법은 주어진 주제에 대한 토론을 통해 학습하는 방법입니다. 구성원들이 서로의 의견을 공유하고, 논의하며 문제를 해결하는 과정을 통해 역량을 강화할 수 있어요. 토론을 통해 다양한 시각을 접하고 분석함으로써 비판적 사고 능력이 향상됩니다. 다른 사람의 의견을 경청하고 자신의 생각을 명확하게 표현하는 과정을 통해 의사소통 능력을 키울 수 있어요. 그룹 토의를 통해 협력과 팀워크 능력, 소속감과 유대감을 높이고. 자신의 의견을 표현하면서 스스로 동기 부여가 높아집니다. 반면, 강의식 교수법보다는 사전준비와 진행에 많은 시간이 소요되어요. 소수에 의해서 토의가 진행될 수 있고, 주제에 대한 이해가 부족하다면 토의의 목적에서 벗어나 불필요한 논쟁을 벌일 수 있습니다. 이러한 단점을 보완하기 위해서 강사는 집단의 크기와 구성원의 특성을 고려하고, 주제에 대한 충분한 이해가 가능하도록 사선준비를 철저하게 해야 합니다.

문제해결식 교수법은 학습자가 주어진 문제를 중심으로 학습하는 방법입니다. 팀을 이루어 문제를 분석하고 해결책을 모색하며, 필요한 정보를 스스로 찾아가는 과정이에요. 이 교수법의 장점은 스스로 문제를 해결하면서 학습 방향을 결정하기 때문에 자기주도 능력이 향상됩니다. 문제를 여러 각도에서 분석하고 다양한 해결책을 모색하면서 비판적 사고와 문제해결 능력이 강화됩니다. 또한, 팀을 이루어 협력하며 문제를 해결할 수도 있기 때문에 팀워크와 의사소통 능력이 높아지게 되어요. 반면, 강사는 전달자가 아닌 학습자를 지원하는 역할로 변화해야 하므로 더욱 사전 준비가 필요합니다. 문제해결 시간이 오래 소요되고, 다양한 자료가 필요하기에 많은 시간과 자원이 필요해요. 적극적으로 참여하지 않으면 배움의 효과가 저하될 수 있습니다.

　역할 연기법은 학습자가 특정 상황이나 역할을 연기하면서 배우는 교수 방법입니다. 이 방법은 학습자가 가상의 상황에서 역할 연기를 통해 이론을 실제 상황에 적용해 볼 수 있으므로 실전 경험을 쌓을 수 있습니다. 이 과정에서 상황에 따른 소통 방법을 자연스럽게 익히게 됩니다. 그룹 활동으로 이루어지는 경우 팀워크와 협력 능력을 키울 수 있어요. 역할에 몰입할수록 상황을 분석하고 대처하는 능력이 향상됩니다. 단점으로는 준비 시간이 많이 소요되고, 학습자가 적극적으로 참여하지 않으면 효과가 떨어질 수 있어요. 일부 학습자는 연기에 대한 두려움 때문에 충분히 역량을 발휘하지 못하기도 해요.

이 외에도 다양한 교수법이 있으므로 관심을 가지고 공부하여서, 당신의 강의에 활용해보세요. 항상 습관처럼 진행하는 강의 방법이 아닌 새로운 교수법을 융합하고 적용하면서 훌륭한 강의를 만들어 나아갈 수 있습니다.

4) 강의 자료 찾는 방법

독서를 좋아하시나요? 사실 저는 이 일을 하기 전까지는 책 읽는 것을 그리 좋아하지 않았어요. 강의를 하다 보니 새로운 자료가 필수적으로 필요하고 가장 손쉽게 접할 수 있는 방법이 독서였습니다. 그래서 경력이 쌓여갈수록 저의 책장에는 수백 권의 책이 가득해졌어요. 강의 자료를 찾을 때는 인터넷 검색이나 영화, 드라마 같은 미디어를 활용하기도 하고, 강의 대상과 유사한 직업을 가진 지인의 인터뷰를 할 때도 있어요. 최근 직접 겪은 사건을 강의 주제와 연결하여 청중에게 말하기도 합니다. 세상의 모든 것이 강의 자료입니다. 여기서는 가장 보편적인 강의 자료 찾는 방법을 살펴보도록 할게요.

일반적으로 과거에는 서적, 논문, 학술 자료, 전문가에게 문의하는 방법 등을 이용해서 자료를 찾았습니다. 하지만, 디지털대전환의 시대를 살고 있는 우리는 이제 노트북 한 대만 있으면, 전 세계의 모든 자료를 탐색할 수 있고 복사와 붙여넣기라는 방식을 사용해서 강의 자료에 소요되는 시간과 비용을 절약할 수 있어요.

가장 전통적인 방법은 서적이나 학술 자료를 이용하는 것이에요. 만약 역사 관련 강의를 준비한다면 서적을 구입해서 읽거나, 도서관을 방문해서 대여해 볼 수 있습니다. 관련 논문이나 학술 자료를 보거나 첨부된 참고 문헌을 함께 찾아보는 것도 좋은 방법이에요. 서적을 이용하는 방법은 아실 것으로 생각되어서, 학술 자료를 찾아볼 수 있는 사이트를 알려드릴게요.

대표적으로 한국교육학술정보원에서 운영하는 RISS는 국내외 학술지, 단행본, 연구보고서, 강의, 논문으로 구분해서 검색할 수 있습니다. RISS는 국가연구의 경쟁력 강화와 미래인재 양성을 위한 국가차원의 학술연구정보 공유 플랫폼으로, 대학원에서 석박사 논문을 작성할 때 많이 참조하고, 전문가들이 많이 이용하는 사이트예요. 구글 스칼라는 방대한 양의 학술 자료를 무료로 제공하고, 다양한 필터 기능을 통해 원하는 논문을 쉽게 찾을 수 있어요. 그 밖에 학술 데이터베이스인 DBpia, 한국학술정보 KISS, 과학기술 분야 ScienceDirect, 사회과학 분야 JSTOR, 국회도서관 등이 있습니다. 교육 플랫폼을 활용하는 것도 좋은 방법이에요. 예를 들면 EBS, KOCW, K-MOOC, Udemy, GSEEK 등 다양한 주제의 강의 자료를 얻을 수 있어요.

가장 보편적 방법으로는 온라인 검색 포털을 활용하는 방법이죠. 구글, 네이버, 다음과 같은 검색 엔진을 활용해서 강의주제와 관련된 자료 등을 찾습니다. 다만, 주의할 점은 이러한 자료는 모두 검증된 것이 아니므로 이차적인 확인이 필요할 수 있어요, 더불어 무단 복제, 배포로 인한 저작권법을 위반하지 않도록 주의해야 합니다.

요즘 가장 인기 있고 효율적인 방법은 ChatGPT를 이용하는 것이에요. 2022년 ChatGPT가 처음 출시되고 얼마 되지 않았지만 우리의 삶 전반에 많은 영향을 주고 있어요. 실제 저도 많이 이용하고 있는데, 처음 사용했을 때의 충격적이었습니다. 앞으로 어떤 가치를 창출해 낼지 설레기도 하고, 왠지 두렵기도 하더라고요. 생성형 AI의 대명사로 알려진 ChatGPT는 인간과 컴퓨터 간의 상호작용을 통해 대답을 얻는 인공지능 기술이므로, 양질의 질문을 할 수 있는 능력을 있어야 원하는 정보를 얻을 수 있어요. 이것을 활용해서 강의에 필요하고 원하는 정보를 얻고, 저작권이 없이 새롭게 생성된 이미지를 만들어서 강의안으로 사용하기도 합니다. 최적의 자료를 찾아주기 때문에 시간 절약에 더 효율적이에요.

그 외에 유튜브, 페이스북, 트위터, 카카오톡 오픈 채팅 등을 활용할 수 있어요. 이러한 자료는 정확성과 신뢰도가 검증되지 않은 경우가 많기 때문에 확인해서 사용하길 권장합니다. 개인의 편향적인 생각이나 의견, 가짜 뉴스 등이 있을 수 있기 때문에, 가급적 검증된 전문기관과 전문가의 영상을 참조하세요.

시각적 자료가 필요하다면 다음의 방법을 사용해보세요. 이미지 자료는 포털 사이트 검색을 통해 사진이나 그림을 다운로드하거나 캡처 기능을 사용할 수 있으나, 저작권 문제가 발생할 수 있어요. 이보다는 전문 이미지 사이트를 이용하는 것이 좋습니다. 또는 위에서 설명한 미리캔버스 디자인이나 그림을 그려주는 AI 기능을 사용하세요. 여러분께 도움이 되었으면 하는 마음으로 무료 사이트를 공유합니다. 다음의 사이트는 다양한 주제와 스타일의 이미지를 제공하므로, 자신의 강의에 맞는 이미지를 쉽게 찾을 수 있어요.

AI 도구를 사용하거나 미리캔버스를 이용해서 직접 디자인하는 방법도 있습니다. 당신이 디자이너라면 전문적인 디자인프로그램을 사용해서 만든다면 최상의 자료가 되겠지요. 하지만, 그렇지 않다면 미리캔버스를 이용해보세요. 미리캔버스는 PPT와 같은 시각 자료를 쉽게 만들 수 있는 온라인 도구입니다. 미리캔버스는 누구나 쉽게 디자인을 할 수 있도록 다양한 스타일의 템플릿을 제공하고, 나만의 디자인으로 재편집도 가능해요. 강의안 제작뿐만 아니라, 다이어그램, 프로필, 배너, 포스터 등 다양한 영역의 디자인을 쉽고 빠르게 할 수 있어요. 저는 미리캔버스를 이용해서 강의안, SNS 게시물, 홍보물, 스티커, 마우스패드 등을 디자인해서 사용하고 있습니다. 특별히 디자인에 대한 전문 지식이 없는 일반인도 사용이 편하기 때문에 아직 사용해보지 못한 분이 계시다면 적극 추천합니다. 당신의 강의를 더욱 빛나게 해줄 디자인을 만들어보세요.

여러분이 그림이나 사진과 같은 이미지를 사용할 때는 화질이 선명한 것을 사용하세요. 이미지가 흐릿하거나 사이즈를 과도하게 늘리거나 줄이지 않도록 주의하세요. 작은 디테일이 모여서 훌륭한 강의안이 됩니다. 강사는 강의 스킬뿐 아니라 시청각적인 모든 요소가 결합되어, 청중에게 프로페셔널한 이미지를 만듭니다.

이제는 검색만으로도 정보를 쉽게 얻을 수 있는 시대이기에, 여러분의 강의를 듣는 청중의 눈높이도 높아졌다고 할 수 있어요. 성공적인 강의를 위해서는 대상을 충분히 분석해서 그들에 적합한 강의 자료를 준비하는 것이 필요합니다.

PERSONAL BRANDING GUIDE

강의 계획서

1. 기본 개요

주 제	
일 시		강사명	

2. 교육 목표

교육 목표	

3. 주요 내용

시간	내 용	수업 방법

PERSONAL BRANDING GUIDE

강의 교안

주제				
대상				
일시				
교육 목표				
단계	시간	내용	진행 방식	슬라이드 페이지
도입 단계				
전개 단계				
종결 단계				

[Skills] 강의 스킬 익히기

1) 프로 강사의 강의 전달법

청중은 강의를 받아들이기 전에 강사를 받아들입니다. 강사의 첫인상은 강의장에 도착하여 준비하는 시간부터 이루어집니다. 일찍 도착한 청중과 나누는 인사와 스몰토크 한 문장으로도 여러분은 긍정적인 이미지를 줄 수 있어요. 강사의 이미지가 강의 내용과 부합될 때, 강의에 대한 신뢰도와 설득력이 함께 높아져요. 그들은 강의를 위해 사용한 시간과 에너지 이상의 가치를 원합니다.

강사가 강의를 한다는 것은 스피치만을 의미하는 것이 아닙니다. 강의는 강사의 언어적 요소인 스피치와 비언어적 요소인 외모 및 행동으로 청중에게 전달하는 종합적인 예술이라고 할 수 있어요. 너무 거창한가요? 실제 스타강사를 떠올려보세요. 그들은 말로만 내용을 전달하지 않습니다. 그렇다면 당신의 강의력을 더욱 빛내줄 전달법을 알아볼게요.

많은 강사들이 제게 '이번 강의에서는 어떤 옷을 입으면 좋을까요? 추천해주세요.'라는 질문을 하곤 해요. 강사의 외모는 강의 콘텐츠를 담고 있을 때 빛을 발합니다. 이 책의 Chapter 1의 '[Image] ABC에 본질을 담아라'의 본문에서 "당신이 상대방에게 명함을 주기 전에, 상대방이 당신이 어떤 일을 하는 사람인지 알 수 있다."라는 문장이 기억나실 거예요. 강의장에 도착해서 당신이 강사라고 말하기 전에 상대방이 당신을 그 분야의 강사인지 먼저 알아본다면 성공적인 이미지를 가진 것입니다.

특히 무대 앞에 서는 강사는 효과적인 퍼스널브랜딩이 필요해요. 자신을 설명하는 긴 문장보다는 강력한 하나의 이미지가 나라는 브랜드를 더욱 잘 전달합니다. 훌륭한 콘텐츠를 가진 사람이더라도 상대방에게 제대로 표현하지 못한다면 비즈니스나 인간관계에서 선택받기 어렵잖아요. 특히 경쟁자가 많은 강의 시장에서는 더욱 차별화된 개성과 매력을 어필해야 해요. 그렇기 때문에 자신의 강의 콘텐츠에 적합한 이미지를 갖추는 것은 필수입니다. 다음의 사례를 보면서 여러분도 자신에게 대입해서 생각해보세요.

평소 커피를 좋아하던 차영준 님은 직장을 다니며 바리스타 자격증 취득했습니다. 퇴직 후 카페를 운영하던 중 강의제안을 받았어요. 문화센터 취미반 주부를 대상으로 '즐거운 커피 이야기'라는 주제의 강의를 하게 되었어요. 막상 강의를 가려니 어떤 옷부터 입어야 할지 고민이 되어요. 여러분이라면 이런 상황에서 어떤 옷을 선택하실 건가요? 먼저 강의를 듣는 대상자들이 원하는 강사의 이미지를 상상해보세요. 우리가 커피를 마신다는 것은 단순히 향과 맛만을 즐긴다는 의미는 아니에요. 커피를 마시는 시간의 여유와 삶의 휴식이라는 의미가 함께 담겨져 있죠. 이런 경험을 원하고 커피를 좋아해서 즐거운 커피 이야기라는 강의를 신청한 청중입니다. 그런데 강의를 온 강사가 무채색 슈트를 입고, 무표정한 얼굴에 고저가 없는 음성으로 다까체의 격식어만 사용한다면, 사람들은 실망하고 좋은 강의후기를 기대하기는 어려워요. 이런 상황에서는 내추럴하고 부드러운 컬러와 소재를 활용한 캐주얼이나 비즈니스 캐주얼을 입는 것이 좋겠지요. 거기에 환한 미소와 고저가 있는 중저음의 목소리는 매력을 한 스푼 더 끌어올려 줍니다. 이런 강의라면 여유롭고 편안한 분위기를 만드는 것도 좋은 전략이 될 거예요. 현명한 당신이라면 상황과 대상을 정교하게 계산하여 준비하실 수 있으리라 믿어요.

19세기 프랑스 작가들은 그 사람의 눈을 통해서 영혼을 본다고 했어요. 청중에게 당신의 불안한 영혼을 들키지 않도록 하세요. 당신의 청중을 향한 눈 맞춤은 자신감과 친근함을 느끼게 하고, 결국 신뢰도를 좌우합니다. 일반적으로 강사가 청중을 바라보는 주시율은 강사에 대한 신뢰도와 밀접한 관련이 있어요.

청중을 바라보는 주시율이 85%가 넘으면 그 강사는 자신감이 넘쳐 보이고, 설득력과 신뢰도에 영향을 미치게 되어요. 프로강사라면 청중의 수가 많더라도 빠지지 않고 시선을 줍니다. 이럴 때는 그룹을 나누어 I자형,

W자형, Z자형 등으로 청중을 바라봅니다. 무대에 홀로 서는 강사의 표정은 강의의 분위기를 좌우합니다. 강의 전에 거울 속 자신의 외모를 체크해주세요. 미소 짓는 것만으로 최고의 메이크업이 됩니다. '당신의 표정이 바뀌면 인상이 바뀌고, 인상이 바뀌면 인생이 바뀝니다.'라는 말을 기억하세요.

일상의 대화와 강의가 다른 점은 특정한 주제를 정해서 다수의 사람 앞에서 전달한다는 것입니다. 강사의 목소리가 작고 발음이 부정확하다면 어떨까요? 억양의 고저가 없고 너무 느리게 말한다면 어떨까요?

강의는 다수의 사람 앞에서 내용을 전달해야 하기 때문에 무엇보다 목소리와 스피치 스킬이 중요합니다. 신뢰 가는 목소리로 상황에 적합한 스피치를 연출하여 공감과 이해도를 높여야 합니다. 그렇다면 당신의 목소리는 어떤가요? 현재 당신의 목소리가 크거나 작을 수 있고, 발음이 정확하거나 부정확할 수도 있으며, 억양의 고저가 있어서 리듬감이 느껴지거나 그 반대인 경우일 수도 있겠죠. 일상적인 대화라면 작은 목소리와 부정확한 발음, 고저가 없는 목소리가 문제가 되지 않을 수 있어요. 그러나 강의의 스피치는 다릅니다. 강의 내용은 좋지만, 강사의 목소리나 스피치 스킬 때문에 그 강의가 듣고 싶지 않을 수 있습니다.

내가 아는 걸 잘 들리지 않는 목소리로 마음대로 풀어놓기만 하는 것은 전문가답다고 할 수 없겠죠. 그건 친구와 말하기만으로도 충분해요. 만약 이런 점이 부족하다면 보이스 트레이닝과 스피치 스킬을 연습하세요. 청중 30명이 2시간 동안 당신의 강의를 듣는다면, 당신은 그들의 소중한 60시간에 대한 책임이 있습니다. 유익한 강의 내용을 준비하고, 전달력 있는 목소리로 강의를 하는 것은 청중에 대한 예의이자 강사의 책임입니다. 당신의 콘텐츠에 힘이 실리고 영향력을 넓히고 싶다면 꾸준한 연습을 하시기 바랍니다.

스피치 관련된 내용만 책 한 권이 넘을 정도의 책들이 많으니 여기서는 간략하게 중요한 부분만 작성할게요. 목소리의 구성 요소는 호흡, 발성, 발음입니다. 좋은 목소리를 원한다면 복식호흡을 통한 공명이 있는 발성과 정확한 발음을 할 수 있도록 꾸준히 연습해야 합니다.

호감 가는 목소리는 풍부한 성량과 맑은 음색을 지닌 것이 특징이에요. 복식호흡을 하면 공명에 의한 울림 현상이 나타나서 발성도 좋아지게 됩니다. 복식호흡은 배를 이용해서 호흡하는 것을 말해요. 이 호흡을 하면 호흡량이 커지고 공기를 빨아들이는 힘이 상해지는 상점이 있습니다. 강사를 포함하여 성악가, 가수, 성우, 아나운서 등이 훈련하는 호흡법이에요. 다음의 복식호흡 방법을 따라 해 보세요.

복식호흡 연습

- 바르게 앉거나 선 자세를 한다.
- 호흡을 확인할 수 있도록 한 손을 배 위에 올려놓는다.
- 코로 천천히, 숨을 깊게 마시면서 배를 최대한 부풀린다.
- 숨을 최대한 깊게 들이마신 상태에서 1~2초 정도 멈춘다.
- 숨을 입으로 '후~' 하며 내뱉으며 배를 수축시켜서 집어넣는다.
  최대한 길게 내뱉는다는 생각으로 호흡한다.
- 10회 정도를 반복하며 연습한다.

　강사의 말하는 발음이 정확하면 듣는 의미를 왜곡하지 않고 전달력을 향상됩니다. 상황에 맞는 좋은 목소리는 강의 몰입도를 높입니다. 발음이 정확하다는 것은 입안의 혀 위치와 그에 맞는 입 모양이 만들어진다는 것을 의미해요. 책이나 뉴스 기사를 소리 내어 읽는 것을 습관화하면 좋습니다. 먼저 발음연습을 하기 전에 얼굴 및 입술근육을 충분히 풀어주세요. 가능한 입을 크게 벌리고 강약을 반복하며 발음합니다. 처음에는 한 글자씩 천천히 발음하고, 발음에 익숙해졌을 때 점차 속도를 내어 빠르게 연습해보세요. 발음 연습을 위해서는 자음과 모음, 다양한 단어와 문자를 큰 소리로 말하는 것을 반복하세요. 바른 자세로 복식호흡을 하면서 입을 크게 벌리고 소리 내어 또박또박 발음하는 연습을 하루에 10분씩 매일 반복합니다. 이렇게 연습한 정확한 발음을 일상의 대화에서 사용해보고, 강의를 통해 완성해보세요. 다음의 발음 연습을 따라 해 보세요.

강사의 말이 너무 빠르면 듣는 사람들이 충분히 생각하고 이해할 여유를 가지기 어려워요. 반면 너무 느려지면 전반적인 강의의 분위기가 늘어져서 청중의 집중력이 저하될 수 있어요. 따라서 전체적인 말의 흐름은 적절한 속도로 완급조절이 이루어져야 합니다. 말의 속도는 제한된 시간 내에 얼마나 많은 양의 말을 하느냐에 따라 결정됩니다. 일반적으로 상대방에게 메시지를 전달할 때 명확하게 구사하는 방법으로 1분에 300자 정도를 말하는 것이 좋아요. 강사의 외모나 매너가 좋다 하더라도 스피치의 전달력이 부족하다면 강의의 목적은 이루기 어렵습니다. 자신의 스피치를 객관적으로 파악하고 꾸준한 연습을 통해 강의의 전달력을 높여주세요. 〈스피치 체크리스트〉를 첨부하니 체크해보시기 바랍니다.

행동은 우리의 감정을 전달하는데 언어보다 더 큰 힘을 발휘하기도 합니다. 언어의 주된 역할은 정보나 사실을 전달하는 데 반해 행동은 그 사람의 느낌과 감정을 전달해요. 강사의 바른 자세와 매너 있는 행동은 중요합니다. 만약 강사가 거만한 표정과 예의 없는 행동을 보인다면 청중은 그 강사의 말을 신뢰할 수 없을 거예요. 항상 청중을 존중하고 배려하는 마음을 행동으로 표현할 수 있도록 꾸준한 연습을 통해 몸에 익히는 것이 중요합니다. 강사의 습관적이고 산만한 행동은 청중의 강의 집중을 방해할 수 있으므로 자신의 무의식적인 습관을 관찰하고 수정할 수 있도록 노력하시기 바랍니다.

프로강사의 강의 전달법이란 강의 주제에 맞는 외모와 배려 있는 행동 그리고 스피치의 조화라고 할 수 있어요. 완벽하지 않아도 자신만의 개성과 매력을 강의에 담아보시기 바랍니다.

2) 강의 연습하기

강사 양성 과정이나 강의 스킬업 과정에서 가장 중요한 시간이 강의 시연이라는 시강이에요. 훌륭한 강의 교안과 강의안을 만들었다 하더라도 강의 리허설이라고 하는 연습을 하지 않는다면 그 강의는 실패할 확률이 높아집니다. 베테랑 강사이거나 항상 해오던 강의 주제가 아닌 이상 리허설 없는 강의는 매우 위험한 도박을 하는 것과 같아요.

초보 강사의 경우 혼자 강의 연습을 하는 것보다는 지인이나 전문가 앞에서 연습하는 것을 추천해요. 만약 상황이 여의치 않아서, 혼자 연습해야 한다면 자신의 모습을 영상으로 녹화해서, 스스로 모니터링 하는 방법도 좋습니다. 이것은 마치 배우들이 출연한 작품을 다시 보면서 모니터링 하는 것과 비슷해요. 녹화된 영상을 보면 예상했던 목소리와 다를 수 있고, 자신의 불필요한 어휘나 행동 습관을 발견할 수 있어요. 강사는 무대에서 독립적이고 주체적인 존재입니다. 내가 기획하는 공연을 무대에 올리듯 자유롭지만 거기에 상응하는 책임도 오로지 강사의 것입니다. 무대에 홀로 서는 강사에게 더 이상 누군가가 고칠 점을 지적해주지 않아요. 다만, 강의가 끝나고 점수로 평가받습니다. 만약 당신의 무대가 성공적이지 못했다면 어떨까요? 그들은 당신에게 침묵하고 당신이 섰던 그 무대에 새로운 강사를 세울 뿐입니다. 너무 냉정한가요? 강의하고 싶은 당신이라면 소중한 그 기회를 놓치지 않도록 연습하세요.

앞서 설명한 것처럼 강의주제에 적합한 복장을 선택하고, 정중한 자세와 시선, 보디랭귀지를 활용하여 전달력을 극대화하는 강의를 할 수 있도록 노력합니다. 강의 연습을 꾸준히 하다 보면, 어느새 자신감을 생겨서 성공적인 강의를 할 수 있어요. 청중에게 질문을 받거나, 의견을 나누며 청중과의 상호작용을 유도하는 방법도 좋습니다. 스피치 후에는 피드백을 수용하고 개선할 점을 찾으면, 지속적인 성장에 도움이 됩니다.

일반적으로 모든 기관에서는 강의가 끝난 후 청중에게 강의 평가를 시행합니다. 강의 평가는 서면, QR, 링크 등을 방법을 사용하여 실시하고 점수로 환산됩니다. 여러분이 강의 의뢰를 많이 받고 싶다면 반드시 강의 평가 점수에 신경을 써야 해요. 대부분 앙코르 강의는 이 점수에 의해 결정되기 때문이에요. 강의 평가 항목과 형식은 다양하지만, 하단에 〈강의 평가표〉 예시를 첨부하니 강의를 준비할 때 참고하시기 바랍니다.

스피치 체크리스트

전혀 아니다 1점, 아니다 2점, 보통 3점, 그렇다 4점, 매우 그렇다 5점

No	내용	1	2	3	4	5
1	나는 상황에 맞게 말할 수 있다.					
2	나는 어색한 상황에서 순발력 있게 이야기를 할 수 있다.					
3	나는 떨지 않고 자연스럽게 말한다.					
4	나는 시선 처리를 자연스럽게 할 수 있다.					
5	나는 사람들의 반응을 민감하게 파악한다.					
6	나는 말할 내용을 잘 기억한다.					
7	나는 말할 내용에 대해 메모하거나 기록한다.					
8	나는 말할 내용에 대한 충분한 정보를 찾는다.					
9	나는 상황에 맞는 존댓말을 할 수 있다.					
10	나는 말할 내용의 핵심 요점을 정리할 수 있다.					
11	나는 말할 때 이전 경험이나 알고 있는 지식을 활용한다.					
12	나는 스피치 능력을 키우기 위해 꾸준히 노력한다.					
13	나는 말을 잘할 수 있는 방법을 찾으려고 노력한다.					
14	나는 스피치 연습하는 시간 마련을 위해 계획을 세운다.					
15	나는 말을 잘하고 싶은 뚜렷한 목표가 있다.					
16	나는 스피치가 계획대로 진행되는지 스스로 파악한다.					
17	나는 논리적으로 말하는지 스스로 점검한다.					
18	나는 복식호흡을 통해 말할 수 있다.					
19	나는 정확한 발음으로 말할 수 있다.					
20	나는 말할 때 자연스러운 표정을 지을 수 있다.					

스피치 체크리스트 결과

80점 이상
당신은 최상의 스피치 달인

70~79점
높은 수준의 스피치 능력의 소유자

50~69점
평범한 보통 정도의 스피치 능력을 가진 당신

49점 이하
부족한 스피치 능력의 당신

강의 평가표

강의명							
일시			강사명				
영역	내용	점수					
		1	2	3	4	5	
시간	1. 강의 시간을 엄수했는가?						
	2. 시간 분배는 적절했는가?						
강의 준비	3. 필요한 교육 자료는 준비되었는가?						
	4. 수업자료가 교육생의 수준에 맞는 난이도로 제시되었는가?						
강의 기법	5. 강의방법은 적절한가?						
	6. 교육생의 동기유발은 이끌어 냈는가?						
	7. 내용전달은 잘되었는가?						
	8. 교육생이 적극적으로 참여하도록 하였는가?						
	9. 적합한 발음, 용어, 속도로 진행되었는가?						
강의 효과	10. 강의 내용은 적절한가?						
	11. 강의 내용은 향후 도움이 되는 내용인가?						
강의 내용	12. 강의 내용에 학습개요는 분명히 제시되었는가?						
	13. 강의 내용에 핵심개념이 포함되었는가?						
	14. 자료는 논리적이며 적절한가?						
	15. 정확한 자료를 사용하는가?						
	16. 적절한 사례를 사용하였는가?						
	17. 결론 및 내용 요약은 하였는가?						
강의 전달력	18. 강사의 표정, 자세, 동작은 적절한가?						
	19. 칠판이나 빔프로젝터 사용은 적절한가?						
	20. 실제 업무에 도움이 되게 전달하였는가?						
총 점	(항목당 5점 만점 × 20개 = 100점 만점)						

3. 디지털 노마드를 실현하는 온라인 강의하기

우리는 디지털대전환과 코로나 19사태를 경험하면서 온라인 생활에 더욱 익숙해졌습니다. 특히 온라인 강의는 2019년 이후부터 전문 강사 뿐 아니라 일반인에게도 낯설지 않고, 온라인 미팅이나 강의 등을 경험한 사람도 많습니다. 강연장에서 청중을 직접 만나 강의하던 강사들이 코로나 19사태로 인해 대부분 온라인 강의를 요청받게 되었어요. 오프라인 강의에는 익숙하지만 온라인 강의를 해본 강사는 드문 시기였기 때문에, 온라인 장비와 프로그램 그리고 강의 진행까지 빠르게 익혀야 했습니다. 갑자기 닥친 위기상황이므로 급박하게 강의 현장도 변화했습니다. 관련 장비를 구입하고 프로그램 사용법을 익히느라 바쁘기도 했지만, 오프라인 강의가 모두 취소되면서 일상의 균형도 깨어지게 되었던 시기였어요.

　이러한 위기를 역발상으로 극복한 강의가 생겨났습니다. 바로 '온라인으로 강의하는 방법'을 알려주는 사람들이 생기기 시작한 것이죠. 이들은 시대적 상황에 필요한 사람들의 궁금증을 발견하고, 한발 앞서 배워서 도움을 주는 강의 콘텐츠를 만들어낸 것이죠. 요즘은 디지털리터러시, ChatGPT, AI 관련 강의들이 그 뒤를 잇고 있습니다. 위기가 기회라고 했던가요. 위와 같은 강의를 직접 하지 않더라도 이때 익혀둔 온라인 강의 스킬은 큰 재산이 되었습니다. 장소와 시간에 구애받지 않고 컴퓨터와 인터넷만 있다면 강의할 수 있는 디지털 노마드 라이프가 꽃을 피우게 됐어요.

　온라인 강의는 실시간으로 진행하는 강의와 강의 영상 녹화로 나눌 수 있습니다. 온라인 강의클래스 관련해서는 이 책의 '어디서 강의해야 하나요? 4)온라인 강의클래스'를 참조해주세요. 온라인 강의는 장소와 시간, 비용 절감이라는 장점과 쌍방향 소통에 어려움이 있다는 단점이 있습니다. 오프라인의 인원보다 더 많은 사람에게 수강 신청을 받을 수 있고, 강의 자료를 쉽게 공유할 수 있어요. 온라인 강의클래스 개설은 자신의 전문지식을 더 많은 사람에게 공유하여 도움을 주고 인지도를 확장할 수 있는 좋은 기회입니다. 만약 실습 위주의 강의라면 온라인

보다는 오프라인 강의가 좋습니다. 강의 주제에 따라서 온라인과 오프라인 강의 중에서 어떤 채널이 좋을지 고민해서 선책하시기 바랍니다.

온라인 장비 구비하기

원활한 온라인 강의를 하기 위해서는 기본적인 장비를 갖추기를 권장합니다. 온라인 강의는 기술적 요구 사항이 있기에 프로페셔널한 장비를 구비하시면 좋습니다. 예를 들어, 동영상 재생, 실시간 스트리밍, 소프트웨어 사용 등이 이에 해당하고, 인터넷 연결이 원활해야 강의 만족도를 높일 수 있어요.

1) 컴퓨터

컴퓨터는 데스크톱이나 노트북이 필요합니다. 컴퓨터는 온라인 강의에서 필수적인 도구로 강의 제작, 플랫폼 사용, 실시간 강의 진행, 청중과의 상호작용, 기술적인 지원 등 다양한 측면에서 중요한 역할을 해요. 만약 컴퓨터를 새로 구매해야 하는 분이라면 최고 사양을 구매하시길 권장해요.

2) 마이크

강의를 녹음하거나 라이브로 진행하면서 음성을 전달하기 위해서는 마이크가 있어야 해요. 마이크는 강사의 음성을 명확하게 전달하여 청중이 강의 내용을 이해할 수 있도록 도와줍니다. 좋은 품질의 마이크는 강사의 음성을 더욱 명확하고 자연스럽게 전달해 주어요.

3) 웹캠

강의를 녹화하거나 라이브로 진행할 때 선명하고 깨끗한 영상을 위해 웹캠이 필요합니다. 웹캠은 온라인 강의에서 강사와 청중의 시각적 연결을 강화하고, 상호작용을 촉진하는 역할을 해요. 일반적으로 노트북의 카메라를 사용해도 되지만, 사양이 높지 않아 강사의 모습이 흐릿하다면 신뢰도와 전달력이 저하될 수 있어요. 더욱 효과적인 온라인 수업을 위해서 별도의 웹캠을 사용하시길 바랍니다.

4) 조명

적절한 조명은 긍정적인 강의 분위기를 만드는 데 도움이 됩니다. 조명이 부족하여 어두운 화면은 강의의 전체적인 분위기를 가라앉게 할 수 있어요. 그렇기에 조금 더 밝은 조명을 사용해서 활기찬 분위기를 만들도록 합니다. 조명은 강사의 좋은 이미지를 만들고 전문성을 높여줍니다. 전문가용 룩스패드를 사용하거나 링라이트 조명을 사용하시길 추천합니다.

5) 인터넷

온라인 강의를 진행하기 위한 가장 기본적인 사항은 안정적인 인터넷 연결이에요. 강의 준비와 내용이 완벽하더라도 인터넷 연결이 원활하지 않다면 강의 만족도가 저하될 수밖에 없습니다. 그래서 가급적 안정적인 유선 인터넷 연결을 권장하고, 어려운 상황이라면 공용 와이파이보다는 안정적인 개인 와이파이를 이용하시길 바랍니다.

6) 듀얼 모니터

원활한 강의를 위해서 듀얼 모니터를 사용하도록 합니다. 듀얼 모니터는 하나의 본체에 2개의 모니터를 연결하여 사용하는 것이에요. 사용 시의 장점으로는 실시간 강의 모니터링, 채팅창 확인, 자료 공유 등 멀티태스킹이 가능하므로 강의 효율성을 높여줍니다. 모니터 1에서는 강의를 진행하고, 모니터 2에서 실시간 소통, 자료 검색 등을 할 수 있어요. 듀얼 모니터를 사용하면 강의의 효율성과 편의성이 향상됩니다.

7) 영상 편집 프로그램

강의 영상을 제작한다면 영상 편집 프로그램이 필수적입니다. 영상 편집 프로그램으로는 Adobe Premiere Pro, Final Cut Pro, DaVinci Resolve, Camtasia 등이 있고, 프로그램을 배우고 익히도록 하세요. 이러한 프로그램은 장단점과 이용 가격이 다르므로 자신에게 적합한 것을 선택하도록 합니다.

강의 프로그램 익히기

컴퓨터만 있다면 어느 곳이든지 훌륭한 온라인 강의장이 되어주는 소프트웨어는 줌(Zoom), 구루미(Gooroomee), 웹엑스(Cisco Webex), 구글 미트(Google Meet), MS 팀즈(Microsoft Teams) 등이 있어요. 가장 보편적으로 많이 사용되는 온라인 강의 플랫폼인 줌에 대해 설명할게요. 줌은 고품질의 비디오, 오디오 및 화면 공유 기능을 제공하여 온라인 강의, 회의, 웨비나 등을 진행할 수 있습니다. 또한 녹화, 화면 공유, 가상 배경, 참가자 관리 등 다양한 기능을 포함하고 있어요. 청중의 입장에서는 컴퓨터를 포함하여 스마트폰, 태블릿 등에서 쉽게 접속할 수 있습니다. 무료 버전은 제한된 기능과 시간 제약이 있으며 유료 버전은 더 많은 시간과 기능 등 추가 혜택이 제공됩니다. 구루미의 경우는 공공기관에서 사용하는 경우가 많습니다. 앞에서 이야기한 줌과는 기능과 디스플레이가 다르므로, 이 프로그램에 익숙하지 않다면 사전에 반드시 연습이 필요해요. 이 외에 웹엑스, 구글 미트, MS 팀즈는 기업이나 학교에서 미팅이나 수업에 사용하고 있습니다.

자신이 직접 온라인 클래스를 오픈한다면 원하는 소프트웨어를 선택해서 실시간 강의를 할 수 있습니다. 하지만 강의 요청 건은 요청사가 사용하는 강의 플랫폼을 반드시 사용해야 합니다. 담당자에게 사전에 어떤 프로그램을 사용하는지 물어보고 원활한 강의진행을 위해서 기능을 익혀두시기 바랍니다.

쌍방향 소통을 도와주는 도구 활용하기

온라인 강의는 편리성과 경제성이 뛰어나지만, 단점은 일방적인 전달만 이루어질 수 있다는 것이겠죠. 강의를 듣는 청중은 카메라를 끄고 강사는 혼자 일방적으로 말을 하다 보면, 강사도 지치고 청중도 지루해져요. 이러한 단점을 보완하기 위해서 쌍방향 소통을 가능하게 하는 프로그램을 활용하면 온라인 강의에 흥미와 즐거움을 더할 수 있습니다. 대표적인 프로그램으로 퀴즈앤, 잼보드, 패들랫, 슬라이도, 휠오브네임즈 등이 있어요.

1) 퀴즈앤

퀴즈앤(QuizN, www.quizn.show)은 교육 현장에서 퀴즈와 설문을 통해 청중의 참여도와 이해도를 높일 수 있는 도구입니다. 퀴즈앤을 사용하면 청중이 능동적이고 적극적으로 강의에 참여하게 할 수 있어요. 퀴즈를 통해 청중의 이해도를 파악하고, 어떤 부분에서 어려움을 겪고 있는지 알아볼 수 있어요. 사용자 친화적인 인터페이스를 제공하기 때문에 강사가 쉽게 퀴즈를 만들고 관리가 가능합니다. 단점으로는 퀴즈를 만드는 데 시간과 노력이 필요해요. 퀴즈앤을 사용하기 위해서는 인터넷 연결이 원활해야 하므로 청중의 인터넷 환경에 따라서 참여에 영향을 줄 수 있어요.

2) 잼보드

잼보드(Jamboard, jamboard.google.com)는 구글에서 만든 디지털 화이트보드입니다. 잼보드 사용의 장점은 실시간으로 그림을 그리고 글씨를 쓰고, 멀티미디어를 추가하여 더욱 활동적인 수업이 가능하다는 것이에요. 또한, 여러 사용자가 동시에 작업이 가능하기에 함께 아이디어를 공유하고 협업할 수 있는 장점이 있습니다. 시각적인 표현과 협업에 특화된 도구이지만, 모든 수업 유형에 적합하지는 않을 수 있어요. 사용 전에 교육 목표와 청중의 요구 사항을 고려하여 사용 여부를 결정하는 것이 중요합니다.

3) 패들랫

패들렛(Padlet, padlet.com)의 장점은 청중의 생각과 의견, 아이디어를 텍스트와 이미지 그리고 동영상 등으로 공유할 수 있다는 것입니다. 여러 사용자가 동시에 작업할 수 있기 때문에 아이디어 공유와 협업에 유리해요. 학생들이 작성한 내용을 카테고리별로 정리할 수 있어서, 강사가 학생들의 의견을 쉽게 파악하고 관리할 수 있습니다. 하지만, 학생들이 수업의 주제와 관련 없는 내용을 작성할 수 있기에 강사는 학생들이 의견을 잘 표현할 수 있도록 자세한 안내를 해주어야 합니다.

4) 슬라이도

슬라이도(Slido, www.slido.com)는 실시간 Q&A 및 투표 도구입니다. 실시간으로 질문을 올리고 다른 사람들의 질문에 투표할 수 있어 가장 중요한 내용을 쉽게 파악할 수 있어요. 청중은 익명으로 질문을 제출할 수 있기에, 부끄러움 없이 질문할 수 있습니다. 강의 중 즉각적인 피드백을 받을 수 있는 투표 기능이 있어, 청중의 이해도를 확인하고 바람직한 수업 방향을 만들어갈 수 있어요. 다만 청중이 너무 많은 질문을 제출하면, 모든 질문에 답변하기 어려울 수 있습니다.

5) 휠오브네임즈

휠오브네임즈(Wheelofnames, wheelofnames.com)는 온라인용 회전 돌림판으로 강의에 즐거움과 재미를 더할 수 있도록 도와줍니다. 행사 이벤트에서 많이 보는 돌림판을 생각하면 되고, 무작위로 추첨하는 방식이에요. 강의 시에 사용하면 청중의 긍정적인 반응을 이끌어낼 수 있어요. 휠의 디자인과 레이아웃을 쉽게 바꿀 수 있어서 사용이 편리합니다. 저장 및 공유가 가능하여 나중에 다시 사용하거나 다른 사람들과 공유할 수 있어요. 하지만, 작은 화면에서는 사용하기 불편하거나 휠에 입력할 수 있는 항목의 수가 제한되기도 합니다.

PERSONAL BRANDING GUIDE

1. 당신은 앙코르 강의를 한 적이 있나요?

2. 당신이 앙코르 강의를 받을 수 있었던 이유는 무엇인가요?

3. 당신의 강의를 들은 사람이 타인에게 추천하고 있나요?

4. 강사 브랜드를 홍보하기 위해 어떤 SNS 채널을 활용하고 있나요?

5. 강의 콘텐츠와 관련된 책을 출간하였나요?

6. 공개 강의를 오픈한 적이 있나요?

7. 강사 프로필을 정기적으로 업데이트하고 있나요?

8. 당신은 멀티 링크를 만들어서 사용하고 있나요?

9. 당신은 어떤 온라인 장비를 가지고 있나요?

10. 온라인 강의 소프트웨어를 사용해 본 적이 있나요?

Chapter 3

당신의 콘텐츠를
멀티 비즈니스로 확장하라

하나를 제대로 만들면 일은 멀티로 들어온다

당신만의 콘텐츠로 강의를 시작했다면, 이제 강의 이외의 사이드 프로젝트에 도전해 보는 단계입니다. 하나를 제대로 만들면 멀티로 일이 들어오게 하는 마법을 경험해 보세요. 이러한 방법으로는 책 출간, 코칭 및 컨설팅, 강의영상 및 PDF 판매, 구독서비스 등이 있습니다. 강사의 가장 강력한 퍼스널브랜딩 수단으로는 책 출간과 방송 출연이 있어요. 그중에서 한 권의 책은 당신의 명함이 됩니다. 개인이나 그룹의 목표를 이루도록 돕는 코칭이나 컨설팅을 하는 것도 좋습니다. 다수를 상대로 하는 강의보다는 직접적인 성공에 도움을 준다는 성취감이 크다고 할 수 있어요. 이와 함께 강의영상과 PDF 판매, 구독서비스는 지리적 제약 없이전 세계 어디에서나 판매가 가능한 장점이 있습니다. 이 외에 사업적으로 더욱 확장하고 싶다면 강연 에이전시 운영, 민간 자격증 발급, 관련 제품을 개발하고 판매하는 것도 좋은 방법이에요. 성공한 콘텐츠를 다양한 비즈니스로 확장하여 안정된 수익과 성장이라는 기쁨을 느껴보시기 바랍니다. 이 장에서는 이와 관련하여 당신이 실천할 수 있도록 더욱 자세히 안내할게요.

1. 강의 콘텐츠
   비즈니스

성공한 콘텐츠는 다양한 비즈니스로 확장하여 안정된 수익과 성장이라는 기쁨을 느낄 수 있습니다. 이것을 'OSMU(One source multi use)'라고 하는데 '하나를 제대로 만들면 일은 멀티로 들어온다'는 뜻이에요. 당신만의 콘텐츠로 강의를 시작했다면, 이제 강의 이외의 사이드 프로젝트에 도전해 보는 단계입니다. 단기간에 성과가 나지 않더라도 시간과 노력을 들여서 꾸준히 확장하고 지속한다면 당신만의 황금 알을 낳는 거위를 만들 수 있습니다. 특히 강의만으로 먹고살기 힘들다고 느끼는 시기가 있다면 든든한 버팀목이 되어줄 서예요.

책 출간

강사에게 책 출간은 강력한 퍼스널 마케팅 수단입니다. 한 권의 책은 당신의 명함과 같습니다. 강사가 관련 분야의 책을 출간하면 전문성과 신뢰도, 인지도를 높일 수 있습니다. 특정 주제에 대한 깊은 지식과 경험을 공유함으로써 독자들에게 도움이 될 수 있어요. 도서 판매로 인한 인세 수입으로 추가적인 수입을 창출할 수 있지만, 인세 수입보다는 자신을 홍보하고 더 나은 기회를 만드는 도구로 활용하도록 하세요. 즉, 책을 통해 강사의 이름과 전문분야를 알리고, 더 많은 사람에게 알려지므로 강사의 브랜드 인지도가 향상시킵니다.

책을 쓰고 싶지만 어떻게 시작해야 할지 막막한가요? 이제는 누구나 책을 출간할 수 있는 시대입니다. 책 출간을 위해서는 원고를 작성하는 시간과 노력이 많이 필요합니다. 이로 인해 강의나 다른 업무에 집중하는 시간이 줄어들 수 있어요. 다음의 내용을 읽고 자신에게 가장 적합한 방식의 책 출간을 생각해보세요.

출판의 종류는 기획출판, 반기획출판, 자비출판, 독립출판, POD출판 등이 있습니다. 기획출판은 출판사에서 작가에게 제안한 기획이나 작가가 출판사에 투고한 원고를 토대로 진행됩니다. 출판사에서 생산과 판매에 이르는 기획, 편집, 디자인, 마케팅, 유통 등의 전 과정을 담당해요. 이 과정에서 필요한 소요 비용도 출판사에서 모두 부담합니다. 그렇기 때문에 서점에서 눈에 띄는 자리에 놓인 책들은 기획출판일 확률이 높아요. 작가의 입장에서는 비용에 대한 부담이 없고 원고에 집중할수 있어요. 계약상 정해진 인세를 받으며, 통상적으로 인세는 책정가의 10% 내외가 보편적입니다.

반기획출판은 기획출판과 자비출판을 융합한 형식이에요. 출판사 입장에서는 작가의 인지도와 원고의 상업성을 확신하지 못할 수 있기 때문에, 초기 비용을 작가와 공동으로 부담하여 제작하는 것입니다. 이러한 방식은 출판사 입장에서 위험도를 줄이고, 작가는 제작 과정에서 조금 더 의견을 반영할 수 있게 됩니다. 기획출판에 비해서 책 출간이 용이할 수 있지만 초기 비용 부담이 있습니다.

자비출판은 모든 비용을 작가가 부담하는 방식이에요. 출판사는 기획부터 유통까지 진행하지만 그 비용을 모두 작가가 부담합니다. 누구나 출판할 수 있고 인세가 높은 장점이 있지만 비용 부담이 높아요. 일반적인 인세는 30~50%로 기획출판보다 높습니다. 독립출판은 작가가 기획부터 유통까지 전 과정을 진행하는 방식이에요. 그렇기 때문에 작가의 역량이 절대적입니다. 최근에는 이러한 과정을 대행해주는 서비스를 이용하는 경우도 많습니다. POD출판은 맞춤형 소량 출판(Publish On Demand)으로 일반적인 선인쇄 방식과는 달리 주문에 맞추어 도서를 제작하는 방식이에요. 미리 종이책을 찍지 않고, 주문이 들어올 때마다 레이저 프린터 등으로 종이책을 인쇄하는 방식으로 주문형 출판이라고도 해요. POD 출판 플랫폼을 통해 판매를 확인한 후 생산이 시작됩니다. 초기 제작비용과 선인쇄에 대한 리스크가 없으나, 제작과 배송 기간이 오래 걸린다는 단점이 있어요.

정리하자면, 책 출간은 강사의 전문성과 인지도를 높일 수 있는 좋은 방법이지만, 시간과 노력, 금전적인 투자, 피드백과 비판 등도 고려해야 합니다. 출판의 방식을 떠나서 원고 작성 및 관련된 노력과 전문성에 비해 판매량이 기대에 미치지 못할 수 있습니다. 따라서 자신의 목표와 상황에 맞게 출간을 결정하도록 하세요.

코칭 및 컨설팅

당신의 콘텐츠가 코칭 및 컨설팅이 가능한 분야라면 시작해 보세요. 예를 들면, 취업 관련 콘텐츠라면 1:1 개인 또는 그룹 컨설팅이 가능해요. 그러나 자신의 암 투병 경험을 바탕으로 한 동기부여 강의라면 컨설팅이 조금 어려울 수 있어요. 이런 분이라면 자신의 경험을 바탕으로 인생 여정을 찾아보는 프로그램을 만들어서 코칭이나 컨설팅을 진행하시기 바랍니다.

개인이나 그룹 대상으로 코칭과 컨설팅을 통해 그들이 원하는 목표를 이루도록 도울 수 있습니다. 그들의 목표와 열망을 이해하고, 이를 달성하기 위한 동기를 부여하고 성과가 나오도록 돕는 것이에요. 그러므로 이 분야를 시작하기 전에 콘텐츠와 관계된 시장과 고객을 철저히 분석하는 것이 필요합니다. 개인이나 그룹이 당신을 통해서 문제를 해결한다면 그에 상응하는 비용을 지불할 거예요. 하지만, 코칭과 컨설팅은 강의와 비교하면 더 많은 시간과 몰입이 필요해요. 개인에 따라서 정신적, 육체적인 역량이 다르고 강의보다는 코칭이나 컨설팅이 더욱 적합한 사람도 있습니다. 그러므로 강의, 코칭 및 컨설팅 중에서 자신에게 더욱 적합한 것을 파악하여 밸런스를 맞춰나가도록 하세요.

강의 영상 판매

강의 영상 판매는 영상을 한 번 제작하면 여러 번 판매할 수 있기 때문에, 오프라인 강의나 실시간 온라인 강의처럼 소멸성이 없습니다. 지리적 제약 없이 세계 어디에서나 사이트에서 수강할 수 있으므로, 실시간 온라인 강의보다 더 많은 사람이 들을 수 있다는 장점이 있어요. 수강생 입장에서는 자신의 시간과 일정에 맞춰 강의 영상을 시청할 수 있으므로 편의성이 높아요.

　그렇다면 강의 영상은 어디서 판매해야 할까요? 강의 영상을 판매하기 위해서는 개인이 촬영하는 것도 좋지만, 고품질의 영상 제작을 위해서는 이를 전문적으로 대행해주는 업체를 이용하는 것도 좋습니다. 이렇게 제작한 강의 영상은 온라인 클래스 플랫폼에서 판매합니다. 또 다른 방법으로는 네이버 스마트스토어를 개설해서 판매하거나, 유튜브 채널 개설 후 유료 회원에게 판매할 수 있습니다. 온라인 클래스 플랫폼은 클래스 101, 클래스유, 라이브클래스, 온오프믹스, 유데미, 인클, 크몽, 탈잉 등이 있습니다. 각 플랫폼은 장단점이 다르므로 자신에게 적합한 곳을 선택하도록 하세요.

　강의 영상 판매는 영상을 판매한 후에도 계속해서 재판매가 가능하므로 지속적으로 수익이 창출됩니다. 또한, 강의 자료를 보존할 수 있어서 다시 활용할 수 있어요. 당신은 강의 영상을 제작하고 판매함으로써 더 많은 수익과 인지도, 전문성을 확보하고 시간을 자유롭게 활용할 수 있습니다. 이제 망설이지 말고 알려드린 방법을 실천해 보세요.

PDF 판매

여러분, 혹시 과제를 하기 위해서 '해피캠퍼스'나 '레포트월드'와 같은 사이트에서 금액을 지불하고 파일을 구매한 적이 있으신가요? 저는 있습니다. 2012년부터 대학교 교수로 재직 중인데, 학생들 과제를 보다가 익숙한 문장을 발견하게 되어 검색해 보면 위와 같은 사이트에 다다를 때가 가끔 있어요. 그러면 공정한 채점을 위하여 구입해서 모사율을 검사하고는 해요. 요즘은 ChatGPT가 그 자리를 대신하고 있습니다. 이처럼 정보를 판매하는 입장에서는 상대방이 구매할 만한 내용을 업로드해놓으면, 잠을 자고 있을 때나 여행 중이어도 판매되어 수익을 창출할수 있는 것이 PDF 판매입니다. 또한, 물건처럼 배송이나 사후처리에 대해 신경을 많이 쓰지 않아도 되니 더욱 큰 장점이 있어요. 무엇을 판매해야하는지 고민이 되실 거예요. 대단한 정보가 아니어도 됩니다. 소소한 내용이라도 사람들에게 필요하다고 생각되면 판매하세요.

평범한 직장인 박이룸 대리는 출근해서 보고서와 공문서를 작성하는 것이 일상입니다. 깔끔한 그의 보고서를 보고 사람들은 작성 노하우를 배우고 싶다고 이야기하고는 했어요. 그러다 보니 신입 사원들에게 노하우를 전달하는 업무도 맡게 됩니다. 그러던 어느 날 PDF를 판매해 보면 어떻겠냐는 지인의 권유로 자신만의 노하우를 담은 파일을 판매하기 시작합니다. 처음 파일을 올릴 때는 약간의 정성과 시간이 필요했지만, 업로드한 후에는 별도의 시간 소요가 많이 없고 월급 이외에 부수입이 생기니 이보다 기쁠 수가 없습니다. 사실 자신의 컴퓨터 안에 잠자고 있는 판매 가능한 콘텐츠를 알지 못하는 경우가 많아요. 실제 박이룸 대리도 '회사원이라면 이 정도는 다들 아는 내용일 텐데…'라고 생각하고 있었어요. 하지만 막상 그 일을 처음 하는 사람에게는 한눈에 정리된 정보가 돈을 주고 구매할 만한 가치가 될 수 있거든요. 지금 당신의 컴퓨터를 켜고 잠자고 있는 파일을 열어 판매를 시작해 보세요.

이렇게 온라인 사이트에 PDF를 판매하면 시간과 장소에 구애받지 않고 접근할 수 있고, 고객들은 언제든지 편리하게 구매할 수 있어요. 온라인 판매 플랫폼은 일반적으로 저렴한 수수료를 부과하므로, 인쇄 및 유통 비용과 비교하여 PDF를 판매하는 데 드는 비용이 적고 즉시 판매가 가능합니다. PDF 파일은 암호화 및 DRM(Digital Rights Management)을 적용하여 보안을 강화할 수 있어요. 이를 통해 불법 복제 및 무단 배포를 방지할 수 있죠. 반면, 온라인에서는 많은 판매자가 PDF를 판매하고 있으므로 경쟁이 치열하기에 자신의 PDF를 돋보이게 하려면 효과적인 마케팅 전략이 필요해요. PDF 파일을 온라인으로 판매하기 위해서는 하단의 단계를 참고하여 준비하세요. 또한, 각 판매 플랫폼의 이용 약관과 정책을 반드시 꼼꼼히 확인하고 준수해야 합니다.

온라인으로 PDF 판매하기

Step 1. PDF 최적화

PDF 파일을 판매하기 전에 파일이 최적화되어 있는지 확인해야 합니다.

파일 크기를 조절하고 품질을 향상시키고, 필요한 경우 암호화를 적용합니다.

Step 2. 가격 설정

PDF 파일의 가치를 고려하여 적절한 가격을 설정해야 합니다.

시장조사를 통해 유사한 PDF 파일의 가격을 파악하고, 자신의 파일의 가치와 경쟁력을 고려하여 가격을 책정하세요.

Step 3. 온라인 판매 플랫폼 선택

PDF 파일을 판매할 수 있는 온라인 플랫폼을 선택해야 합니다.

대표적인 플랫폼으로는 '크몽, 탈잉, Gumroad, Payhip, Selz' 등이 있습니다.

이러한 플랫폼은 판매, 결제, 다운로드 관리 등을 지원합니다.

Step 4. 결제 수단 설정

PDF 파일을 판매하기 위해 결제 수단을 설정해야 합니다.

신용카드, PayPal, 온라인 결제 시스템 등을 선택할 수 있습니다.

판매 플랫폼이 제공하는 결제 옵션을 활용하세요.

Step 5. 홍보 및 마케팅

PDF 파일을 판매하기 위해서는 홍보와 마케팅이 필요합니다.

소셜미디어, 블로그, 이메일 마케팅 등을 활용하여 파일을 홍보하고, 잠재적인 구매자들에게 알리는 것이 중요합니다.

구독 서비스 판매

구독 서비스는 사용자가 일정한 주기로 일정 금액을 지불하고 해당 서비스나 제품을 이용하는 서비스입니다. 일반적으로 구독 서비스는 디지털 콘텐츠(음악, 동영상, 도서 등)나 소프트웨어(클라우드 서비스, SaaS 등)에서 많이 사용되지만, 최근에는 상품(의류, 식품 등)에도 적용되고 있어요.

여러분의 이해를 돕기 위해서 사례를 이야기해 드릴게요. 〈월간 이슬아〉는 이슬아 작가가 매달 구독자들에게 이메일로 보내는 글 구독 서비스예요. 이슬아 작가는 학자금대출을 갚기 위해 2018년부터 구독료 월 1만 원에 짧은 수필을 보내주겠다는 제안으로 이 서비스를 시작해서 큰 성공을 거뒀습니다. 매달 자신의 글과 함께 독자들에게 다양한 이야기를 전달하고 있어요. 이 서비스는 독자들에게 새로운 글쓰기 경험과 함께 작가와 독자 간의 직접적인 소통을 제공하고 있어요. 독자들은 매달 새로운 주제의 글을 읽을 수 있으며, 이를 통해 작가와 독자는 서로에게 영감을 주고받을 수 있어요. 이를 통해 작가는 자신의 작품을 더 많은 사람에게 알리고, 독자는 작가의 새로운 작품을 더 빠르게 접할 수 있어요. 이슬아 작가는 구독 서비스를 통해 퍼스널브랜드를 알리는 계기가 되었고, 다양한 강연과 행사, 출간 등을 하며 활발한 활동을 하고 있습니다.

정리하자면, 구독 서비스는 사용자에게는 편리함과 경제적인 이점을 제공하고, 판매자는 안정적인 수익을 얻고 고객과 지속적인 관계를 형성할 수 있는 장점이 있습니다. 구독자들이 매월 또는 매년 구독료를 지불하므로 안정적인 수입을 기대할 수 있고, 지리적인 제약 없이 구독자를 확장할 수 있어요. 창작물을 텍스트, 이미지, 오디오, 비디오 등 다양한 형식으로 제작하여 공유가 가능합니다. 구독자들과의 상호작용을 통해 피드백을 받고, 더 나은 콘텐츠를 제공하면서 스스로 실력을 향상해 나가세요. 구독 서비스를 온라인으로 발행하기 위해서는 다음 단계를 참고하여 준비하세요.

구독 서비스 발행하기

Step 1. 콘텐츠 계획

구독 서비스를 시작하기 전에 어떤 유형의 콘텐츠를 제공할지 계획해야 합니다.

자신의 강의 주제를 고려하여 콘텐츠를 선택하세요.

이 내용과 연계된 가치 있는 내용이라면 함께 발행해도 좋아요.

Step 2. 플랫폼 선택

다양한 구독 서비스 플랫폼 중에서 적합한 플랫폼을 선택해야 합니다.

구독자들의 요구와 자신의 콘텐츠 유형을 고려하여 선택하세요.

Step 3. 콘텐츠 제작

선택한 플랫폼에 따라 콘텐츠를 제작해야 합니다.

글, 비디오, 오디오 등 다양한 형식의 콘텐츠를 제작하여 구독자들에게 제공하세요.

Step 4. 가격 설정

구독 서비스를 제공하기 위해 가격을 설정해야 합니다.

시장의 가격 동향을 조사하고, 자신의 콘텐츠 가치와 구독자들의 지불 의사를 고려하여 가격을 결정하세요.

Step 5. 홍보 및 마케팅

구독 서비스를 홍보하고 마케팅하여 구독자를 유치해야 합니다.

소셜미디어, 이메일, 온라인 광고 등 다양한 채널을 활용하여 홍보하세요.

Step 6. 구독자 관리

구독자들의 요구와 피드백을 주시하고 업데이트해야 합니다. 구독자들과의 상호작용을 통해 지속적인 관계를 유지하세요.

Step 7. 성과 분석

구독 서비스의 성과를 분석하여 개선할 부분을 찾고, 구독자들의 만족도를 높이기 위해 노력해야 합니다.

2. 기타 서비스

당신은 관점을 조금만 더 확장한다면 강연 에이전시 운영, 민간 자격증 발급, 관련 상품 판매 등을 할 수 있습니다. 이러한 서비스는 사업자 등록을 필수적으로 해야 하고 서비스 전에 복잡한 과정이 있으므로 반드시 필요한지를 생각하고 결정하세요. 만약 이러한 서비스를 운영할 수 있다면 당신의 비즈니스는 날개를 달고 비상할 수 있습니다. 이와 관련된 저의 경험을 기반으로 다음 글을 작성합니다.

강연 에이전시 운영

강연 에이전시는 영업, 미팅, 입찰 등을 통해 강의 기회를 만들고, 강사는 일정 수수료를 강연 에이전시에 지불합니다. 이러한 과정에서 수익이 발생되는 비즈니스라고 할 수 있습니다. 강연 에이전시가 강사에게 필요한 이유는 이 책의 '1. 슈퍼 강사가 들려주는 강사에 대한 모든 것, 강사는 어떻게 되나요?'에 적어놓았으니 참고하시면 좋아요. 여기서는 강의 비즈니스 확장으로 강연 에이전시 운영을 알려드리고자 해요.

일반적으로 기업이나 공공기관은 직접 강사에게 강의 요청을 하거나, 강연 에이전시를 통해 입증된 전문 강사를 요청합니다. 강연 에이전시를 찾는 이유는 직접 찾는 것보다 시간이 절약되고, 전문 에이전시가 관련된 전문적인 지식과 경험이 많고 강의 후기가 좋은 강사를 찾아주기 때문이에요. 전문적인 강연 에이전시는 다양한 분야의 강사 DB를 가지고 있기에, 고객의 요구에 가장 적합한 강사를 찾을 수 있습니다. 강연 에이전시를 운영하고 싶다면 강의 경험이 없어도 오픈 가능하고, 강사로 활동하다가 자연스럽게 에이전시를 운영하기도 해요. 저의 경우 강의를 하다 보니 요청 업체에 여러 명의 강사를 팀으로 구성해서 진행하는 상황이 생겨서, 자연스럽게 강연 에이전시를 운영하게 되었습니다.

민간 자격 발급 기관

당신의 전문 분야와 관련된 전문가 양성 과정을 운영하고 민간 자격증을 발급하는 교육 기관이 될 수 있습니다. 일반적으로 자격증은 국가 자격과 민간 자격으로 구분됩니다. 민간 자격은 국가 외 개인 · 법인 · 단체가 신설하여 관리 · 운영하는 자격을 말해요. 자격기본법에 따라 민간 자격 제도의 관리 및 운영을 위해서 주무 부처의 심사를 거쳐 한국직업능력연구원에 민간 자격증을 등록하면 발급할 수 있는 민간 자격 발급 기관이 됩니다. 민간 자격은 등록하지 않고 개인이 마음대로 발행할 수는 없으며 법적 문제가 발생하게 되니 유의해야 합니다.

구체적인 방법을 알려드리도록 할게요. 여러분이 민간 자격증을 발급하고 운영하기 위해서는 한국직업능력연구원 '민간자격정보서비스'에 민간 자격 등록을 신청해야 합니다. 민간 자격 등록이란 민간 자격 관리자가 민간 자격을 신설하여 관리 · 운영하는 경우 등록 관리 기관에 등록하는 것으로서, 등록대장에 자격의 종목명 및 등급, 자격의 관리 운영 기관에 관한 사항, 등록의 신청일 및 등록 결정일 등을 기재하는 일련의 행정절차를 말해요. 민간 자격증의 발급과 관리 그리고 운영에 관한 사항은 '자격기본법'에서 명시하고 있고, 등록과 변경 등을 위해서는 관련 법에 따른 요건과 서류를 갖추어 신청해야 합니다.

민간자격 관리기관 등록은 개인 사업자, 법인 사업자, 비영리단체, 협동조합 등이 가능합니다. 한국직업능력연구원에 정식 등록된 민간 자격증은 취업 준비 시 이력서, 자기소개서에 기재가 가능하며 활용할 수 있는 효력이 발생합니다. 여러분이 교육받는 기관에서 수료증이 아닌 민간 자격증을 발행한다면 '민간자격정보서비스' 사이트에서 '민간 자격 검색'에서 찾아보실 수 있어요.

민간 자격 발급 기관 등록하기

Step 1. 등록 신청

민간 자격 관리자 → 한국직업능력개발원

민간 자격 관리자가 한국직업능력개발원에 등록 신청

Step 2. 금지 여부 협의

한국직업능력개발원 → 관계중앙행정기관

한국직업능력개발원 자격 관리자 결격사유에 해당하는지 확인한 후 관계중앙행정기관에 금지 분야 해당 여부 및 민간 자격 명칭 사용 가능 여부 확인 요청

Step 3. 등록 결과 통보

한국직업능력개발원 → 민간 자격 관리자

금지 분야 해당 여부 및 명칭 사용 가능 여부 회신

Step 4. 등록 결과 보고

한국직업능력개발원 → 교육과학기술부

등록대장 기재 및 등록증 발급

관련 상품 판매

당신의 재능으로 특별한 상품을 만들어서 판매해 보세요. 제 주위에는 자신의 전문 분야에 관련된 심리 카드, 팀 빌딩에서 사용하는 교구, 아이스브레이킹 도구 등을 판매하는 분들이 있습니다. 이렇게 제작한 상품은 텀블벅, 와디즈, 스마트스토어, 인스타그램, 블로그 마켓과 같은 온라인 플랫폼에서 판매하거나 오프라인으로 판매할 수 있어요. 이해를 돕기 위해서 저의 사례를 작성할게요.

저는 오랫동안 이미지컨설턴트 양성 과정, 퍼스널컬러 컨설턴트 양성 과정, 서비스강사 양성 과정 등을 강의하다 보니 전문가가 사용할 만한 관련 교구와 교재가 필요했습니다. 특히 퍼스널컬러의 경우 진단을 위한 진단 천, 거울, 컬러 카드 등 관련 교구가 필요했기 때문에 직접 동대문 원단 시장과 염색 공장, 재단 공장 등을 뛰어다니면서 제품을 개발했어요. 처음 판매는 오프라인 판매나 회사 홈페이지의 쇼핑몰에서 시작했습니다. 현재는 '네이버스마트스토어', '쿠팡'에서 판매하고 있습니다. 또한, 강의 요청 업체에서 체험 활동을 위해 상품을 구매하거나, B2C의 개인 구매가 이루어지고 있어요. 제품 개발 시에 시간과 비용이 들지만, 잘 팔리는 제품은 장기적인 수입이 됩니다.

만약 쇼핑몰을 운영하고 싶다면 제 경험상 홈페이지 쇼핑몰을 별도로 갖는 것보다는 쇼핑 플랫폼을 이용하시는 것을 추천해 드려요. 대표적인 쇼핑 플랫폼인 네이버스마트스토어의 개설 및 운영 방법은 포털 사이트에 검색해 보는 것만으로도 넘치는 정보가 있으므로 쇼핑몰 이야기는 여기까지 작성할게요. 다만, 사업자등록증 종목에 '전자상거래'라고 추가하셔야 하고, '통신판매업등록증'을 발급받아야 한다는 것을 기억하세요. 또한, 이러한 관련 서류는 사무실 이전 시에 해당 구청에서 재발급을 받아야 쇼핑몰 운영에 차질이 생기지 않습니다. 제가 사무실을 이전하고 이 부분을 몰라서 고생했던지라 잔소리처럼 한 줄 남겨요.

지금까지 무자본 CEO 강사가 되는 방법을 알아봤어요. 책을 읽다 보니 당신도 강의에 도전해 보고 싶은 마음이 들지 않나요? 미디어에서 만나는 화려한 인물이나 콘텐츠가 아니어도 좋아요. 당신이 회사에서 보고서 작성을 잘한다면, 당신보다 어려워하는 사람들에게 알려주는 강의를 해보세요. 당신이 전업주부라면 빠르고 깨끗하게 청소하는 당신만의 방법을 사람들에게 알려주세요. 당신이 취미로 캠핑을 한다면, 처음 캠핑을 시작하는 사람들에게 어떤 것부터 준비해야 하는지 도움을 주세요. 당신이 소소하게 이겨왔던 노하우를 사람들이 궁금해한다면, 수익을 발생시킬 수 있는 시대입니다. 여러분의 이야기를 들려주는 것이 강의의 시작임을 잊지 마세요.

PERSONAL BRANDING GUIDE

1. 당신이 온라인 강의 클래스를 연다면 대상은 누구인가?

2. 그 온라인 강의 클래스의 강의 시간과 수강료는 얼마인가?

3. 당신이 강의 영상을 제작한다면 제목은 무엇인가?

4. 올해 당신의 책이 출간된다면, 제목은 무엇인가?

5. 당신의 책을 구매하는 독자는 어떤 사람들인가?

6. 당신이 PDF를 판매한다면 어느 사이트에서 판매하겠는가?

7. 당신은 강연 에이전시를 운영할 생각이 있는가?

8. 그 강연 에이전시의 고객사는 어디인가?

9. 당신의 콘텐츠를 상품을 제작한다면 어떤 것인가?

10. 그 상품을 어떤 채널로 홍보하겠는가?

Epilogue

지구별 원본인
당신의 브랜드를 응원합니다

평범한 오늘, 당신이 만난 사람들을 떠올려 보세요.

당신의 소소한 경험이나 지식을 사람들에게 이야기했나요?

누군가의 온라인 계정을 보며 좋아요를 누르고 댓글을 적었나요?

당신의 평범한 일상이 퍼스널브랜딩 활동이고, 생활 속에 녹아든 강의입니다. 그리 거창한 이유가 있거나 대단한 일을 하지 않아도 돼요. 내 이름은 퍼스널브랜드이고 매일의 삶은 브랜딩을 실천하는 시간들이니까요. 일상에서 사람을 만나고 온라인 활동을 하며, 자기 계발을 위해 노력하는 모든 과정이 당신만의 퍼스널브랜딩 여정입니다.

혹시 과거를 회상하면서 '그때 그 선택을 했어야 했는데', '그때 시작했다면 이미 이루었을 텐데.'라는 후회를 한 적이 있나요? 그때 망설이지 말고 그 일을 했더라면, 해보기나 할 걸이라는 후회를 남기기 전에 지금부터 행동해보세요. 나라는 원석으로 태어나서 평생 땅속에 묻혀 있을 것인지, 아니면 원하는 방향으로 깎고 닦아서 빛나는 다이아몬드가 될 것인지는 지금 당신의 선택에 달려 있습니다. 물론 그 선택에 꽃길만 펼쳐진다고 말할 수는 없지만, 소중한 당신의 삶을 방관하지 않으셨으면 해요.

퍼스널브랜딩은 자기다움을 찾아가는 행복한 여정입니다. 아직도 내가 잘하는 것, 좋아하는 것을 모르겠다면 이 책을 펼쳐보세요. 그리고 퍼스널브랜딩 여정 4단계를 따라 해보세요. 당신이 선택한 콘텐츠를 딱 6개월만 실천해보는 건 어떨까요? 6개월이라는 시간은 물리적으로 긴 것처럼 느껴지지만, 현재 시점에서 6개월 전의 자신을 회상해보면 생각보다 순식간에 시간이 지나갔다는 것을 알 수 있어요.

누구나 처음은 존재합니다. 잘하고 싶은 마음과는 다르게 잦은 실수와 후회를 반복하거나 좋은 기회가 오더라도 어찌할지 몰라서 허둥대기도 해요. 강의도 마찬가지입니다. 우연한 기회에 강의를 시작하게 된 저는, 첫 강의를 실패하고 밤새 이불킥을 하며 강의를 포기해야겠다고 생각하던 시절이 있었습니다. 그사이 수많은 실패와 후회, 경제적 위기, 건강 악화 등을 겪었지요. 워커홀릭으로도 살았고, 반백수로도 살아본 극과 극의 경험도 했어요. 다시 일을 시작할 때 가장 중요한 점은 삶의 균형을 맞추는 것이었습니다. 일과 삶의 균형점을 맞출 때 인생의 행복이 지속 가능할 테니까요. 그래서 지금은 일과 휴식의 균형에 맞추려고 노력하며 살고 있어요. 이런 시간들이 겹겹이 쌓여서 벌써 저라는 사람이 만들어졌네요. 여러분의 삶의 서사도 궁금해집니다.

원하는 날만 일하고 싶은가요? 그렇다면 당신만의 콘텐츠를 발견하고 사람들에게 자신의 가치를 판매하세요. 당신의 숨어 있는 가치가 브랜드가 됩니다. 어느 공대생의 말처럼 입력값이 있어야 출력값이 있습니다. 지금 자리에서 일어나 한 걸음을 걷기 시작해보세요. 당신은 충분히 매력적인 사람이고, 그것을 아직 발견하지 못했다면 나를 발견하는 시간을 가져보시기 바랍니다. 인생의 궁극적인 목적은 자기다움을 발견하고 우리다움으로 완성해 나가는 것이니까요. 그리 화려하지 않아도 됩니다. 내가 행복을 느끼고 쓰임이 되는 길을 담담하게 걸어가세요. 어느새 나 자신과 친해지고 마음이 평온해지며 다른 사람에게도 더욱 포용적이게 됩니다. 그것은 오로지 나로부터 시작되거든요.

지구에 사는 80억은 각자의 고유성을 가지고 있어요. 그렇기에 나만의 우주가 있고 생활 리듬이 있습니다. 당신은 당신만의 삶을 사세요. 이 책의 서두에서 말했듯이 제 책을 읽고 무조건 따라 하기보다는 참고용으로 읽어주세요. 하지만 만약 자신과 맞는 듯하면 꾸준히 실천해보세요. 당신이 가고자 하는 길에 빛이 되어 줄 거예요.

　당신은 원하는 삶을 살 충분한 자격이 있습니다. 지구별 빛나는 원본인 당신의 삶을 응원합니다.